U0594100

媒介天平

——广播电视全媒体法治研究

张殿宫◎著

长春出版社

国家一级出版社

全国百佳图书出版单位

图书在版编目（ＣＩＰ）数据

媒介天平：广播电视全媒体法治研究 / 张殿宫著.
－－ 长春：长春出版社，2021.12
ISBN 978-7-5445-6475-5

Ⅰ.①媒… Ⅱ.①张… Ⅲ.①广播电视－法治－研究
－中国 Ⅳ.①D922.8

中国版本图书馆CIP数据核字（2021）第209498号

媒介天平——广播电视全媒体法治研究

著　　者　张殿宫
责任编辑　程秀梅
封面设计　清　风

出版发行　长春出版社　　　　　　总编室电话：0431-88563443
　　　　　　　　　　　　　　　　发行部电话：0431-88561180

地　　址　吉林省长春市长春大街309号
邮　　编　130061
网　　址　www.cccbs.net
制　　版　吉林省清风科技有限公司
印　　刷　三河市华东印刷有限公司
经　　销　新华书店

开　　本　710毫米×1000毫米　1/16
字　　数　200千字
印　　张　12.5
版　　次　2022年9月第1版
印　　次　2022年9月第1次印刷
定　　价　58.00元

写在前面

迎接下一个开始。

1997年8月1日，《广播电视管理条例》经国务院第61次常务会议审议通过。《广播电视管理条例》的出台于整个新闻界来讲，是业界具有里程碑意义的大事件了。成为从1997年出台到2021年，支撑中国广播电视行业发展的规制基石，同时，也成为中国新闻传播领域里现行（2017年修订版）层级最高的规制管理制度。

据2005年统计，全国正式持有新闻记者证的新闻记者共15万人，新闻从业人员共70多万人，还在各自岗位怀揣梦想、信心十足地演绎着自己的新闻实践。正是带着这份梦想，1995年，我考入吉林大学文学院接受新闻传播学教育。带着纯净和虔诚的心，学习伏尔泰、孟德斯鸠、卢梭的新闻启蒙思想；研究邵飘萍、黄远生、林白水追求真理、批评时政的新闻实践；如饥似渴地阅读新闻界翘楚唐师曾的自述《我从战场归来》，水均益的《前沿故事》，杨澜的《凭海临风》……那是有着简单而纯粹梦想、幸福的一届新闻系大学生。他们为世界上最早的"报纸"——为节度使收集情报信息的唐代"邸抄"新奇；为西方早期在码头、集市上"画地为界"，提供港口船务货运收费信息服务的"便士报"画像；为资产阶级启蒙思想和资产阶级革命以及资产阶级新闻出版自由立宪而深思；为西方商业报团恶性竞争，为赚取超额利润，不惜制造假新闻甚至售卖战争的"黄孩子"不齿。当然，也为身边升起包子茶蛋热气的车站广场上的"电视报、法制报、经济报，看看喽"……的叫卖声忍俊；为长途汽车上忆起民国以来一代报人报道真相，为民请命，笑看"报人不进监狱不是好报人"，嘴念"大地春如海，男儿国是家。龙灯花鼓夜，长剑走天涯"奔走四方的新闻节操和爱国情怀而激动……那些课堂教材上的有字之书，与市井叫卖、调侃、神秘小道消息的"无字之书"，是共同呈现给20世纪90年代末期新闻系大学生的真实的理想与现实图景。

1998年3月，在导师"新闻无学"和"新闻在实践"的反复强调中，我走出校门，开始实施自己拟定的社会实践计划。先后竞聘到新文化报社、长春晚报社和吉林电视台做实习记者。因此完整客观地了解到《新文化报》从一份省级体制内的行业报，发展壮大为省内小有名气的都市报的过程。2020年3月1日，惊见其停刊启事。作为读者、记者和研究者，我是新文化报变革、勃兴、消亡的亲历者和见证者；作为传媒企业、单位和组织，《新文化报》同样也是在我国大众传媒规制下，徜徉"都市新闻"兴起20年的时代亲历者和见证者。

20世纪90年代，伴随东欧剧变、苏联解体，两大阵营对峙的世界政治格局消失。但世界仍然在动荡中寻找新的平衡，中美关系、中欧关系、中俄关系重回微妙状态。西方发达国家一方面享受着经济全球化过程中，中国等发展中国家市场廉价劳动力和廉价商品供给带来的福利；另一方面又在国家制度、价值观、文化认同方面对中国充满不信任和敌意。苏联解体后的继承者俄罗斯总体实力大大衰落，甚至困难重重，但凭借从苏联时代继承下来的强大军事力量和地缘政治雄心，仍然成为世界政治格局中的重要力量。中国和俄罗斯被美国和欧洲发达国家执意建立的"单极世界"战略企图挤压到一起，共同主张建立可以听到"多种声音，一个世界"的"多极世界"。在这场国际风云际会，暗流涌动、暴戾恣睢的时代风口，中国选择了正确的历史发展道路，坚持"和平发展"是世界主流的总体看法，以经济建设为中心，韬光养晦不争论，搁置争议共开发，加快发展壮大自己，粉碎了西方国家"和平演变"图谋，忍耐并化解了西方各种战术挑衅，于2000年，顺利加入世贸组织，把中国的改革开放和经济建设推进新的阶段。

正是在这一国际国内政治经济文化发展背景下，中国新闻业顺应国内城市化进程，以全新的新闻报道理念和媒介运行机制，掀起都市类报纸和都市类新闻创办热潮，《华西都市报》《成都商报》《南方都市报》《华商报》《新京报》脱颖而出，焦点访谈、新闻调查、东方时空、守望都市、城市速递等都市类电视新闻栏目从中央到地方遍地开花，中国传媒业进入"都市新闻"兴起阶段。1999年，《南方周末》在新年献词中写道："让无力者有力，让悲观者前行，让往前走的继续走，让幸福的人儿更幸福；而我们，则不停地为你加油。"这是中国新闻业的高光时刻，特别是《南方周末》、焦点访谈、新闻调查和一批优秀的都市报代表了中国新闻业的职业良心，其抛出的严肃话题、客观公正报道和深刻反思除新闻价值外，还承袭了伤痕文学、反思文学等具有时代精神和文化感的大众文化价值意义，成为年轻一代知识分子的理想精神家园和奋斗战场。

1988年，吉林省文化厅创办了文化系统行业报——《文化报》，经过近10年中规中矩、不温不火的经营，到1998年仍是一份名不见经传默默无名的行业小报。而这一时期，《成都商报》《华西都市报》《南方都市报》《华商报》《新京报》等以全新的办报理念和经营模式取得巨大成功，都市报风行大江南北，适者生存的报业市场很快让这场革新之风嫁接到吉林的报业市场。1999年3月12日，《新文化报》引进《华商报》经营机制，迎合市场和读者需求，以社会新闻为主，加大突发新闻、时政新闻、经济新闻、法制新闻、体育新闻、娱乐新闻、地方新闻报道力度，在吉林报业市场《城市晚报》《东亚经贸新闻》和《长春晚报》三分天下的竞争格局中站稳脚跟，并迅速脱颖而出，在华商报团总体布局持续注资和经营下，后来居上，一举成为日发行量超过40万份、高峰期年广告收益近3亿元的全国知名的报纸，创下了吉林报业历史上的一个新纪录。报纸的奇迹后边一定是报人的传奇，因为，资本的嗅觉和预期收益需要人才来实现。1998年年底，体制内的《城市晚报》3名记者带着自己的嗅觉、判断和创业激情，辞职来到前途难料的《新文化报》开始创业。事实证明，他们的嗅觉、判断和决定是正确的，他们对国家新闻规制政策的理解，对现代都市报生产经营规制的理解是正确的，对长春读者市场、广告市场的理解是正确的，并在实践中很好地执行。就在各界对《新文化报》一致看好，准备大加评说演义"报业三剑客"传奇故事时，2003年年底，时任社长出走，另起炉灶，创办吉林省第一份社区报《巷报》。最初也是风生水起，但仅仅一年后，因投资回报和资金链问题折戟沉沙，让人唏嘘。2020年3月，在得知《新文化报》停刊消息后，我立即通过网络和熟人了解"三剑客"的去向。得知原社长在《巷报》运营失败后，回归高校做了教授，在理论层面继续研究媒介运营、媒介制度和传媒经济问题；两位副社长一位去往体制内相关单位做了副厅级领导；一位去往邻省另一家华商旗下报纸做社长直至2018年年底该报停刊，但仍笔耕不辍，频创佳绩。

1998年3月的一天，在与同行报社大姐向桂林路、惠民路、同志街报摊送完当日出版的《新文化报》后，我决定一人前往长春周边县城考察一下报业市场，为这份日发行不足1200份的行业报寻找新的出路。第一站选择了榆树，我和同学在榆树大街上调查企业和商户，与业主交谈，了解潜在广告客户。在了解当地报业及从业人员情况时，同学告诉我，全县城只有1人干这行，就是肖艳杰刚刚搭设了个新报摊。欣然前往，肖大姐热情接待我们，告诉我们《法制报》《参考消息》《长春晚报》比较好卖，但多是几天前的过刊，因为开往省城的长途客车答应一周只给带一次。我把随身带来的10份《新文化报》交给大姐代卖，大姐爽快答应。之后两天，与同学、与几位年轻同事席地而坐，探讨设立记者站，创办《新文化报（榆树版）》的可行性。即将返程的时候，我已得出初步判断，特别是肖大姐居然在两天里，帮我卖出6份报纸，让我大受鼓舞。回到报社，与社领导探讨设立榆树记者站的设想，提出报社不必出钱出人，每周出一期榆树专版，允许用专版四分之一版面刊登合法广告，条件是保证每期订出500份报纸。远景是一年内，在长春外五县全面铺开，保证报纸发行量比现在增长两倍，同时，丰富报纸内容。领导说需要考虑，这毕竟颠覆了此前报纸的经营模式。但久久不见答复，加上开学在即，除1998年7月9日在《新文化报》头版头条留下我采写的《她支起了小城的第一座报摊》的新闻通讯后，我的第一次《新文化报》之旅结束。这于我来讲，是用所学知识对一个惨淡经营的报纸全方位的拯救振兴计划，虽有理论性和操作性，但毕竟动作太小、见效太慢，加之都市报业之风已起，一介书生要与报社合作的资本显然分量不足。

图0-1　1998年7月9日，华商报介入前的《新文化报》

　　1999年11月，耐不住江湖上关于《新文化报》的传说，再次考入新文化报社做记者。面试时接待我的是新闻中心的李主任，一个毅然走出体制内，大胆创业的知识女性，在得知我是在校新闻系研究生后，便尽量在战线和岗位选择方面予以照顾，但我的理想主义和小傲骄促使我决定去报社"最艰苦""最出新闻"的地方工作，于是，我来到《新文化报》驻吉林市记者站。背着简易的行囊，怀揣梦想再次踏上新闻社会实践之旅。6位新同事带着"阅人无数，一探究竟"职业目光打量着我，站长向我介绍了各位同志战线（分工）、特长，既传达了报社领导要照顾好我的嘱咐，又表达了战线已经固定，只能将人大和政协两个暂无人把守的战线分给我的歉意。站长是内蒙古人，夫妻二人过来创业，最喜欢的事就是酒后唱上一首《蒙古人》。三位突发新闻记者，分别分在公安、消防、交通、医院等易出突发新闻的战线，另外的杨姓大哥略微年长，擅写通讯大稿，还有一位摄影记者。家住本市的王姓姐姐带我熟悉市容环境。一个月的见习生活正式开始，每天全站最高兴的事就是16点左右，听李主任打来电话跟踪当日重要新闻线索和出报纸大样信息，站长不忙时，每次放下电话，总是略带兴奋和诡秘地对大家说，声音真好听，之后，夸张且悠悠地说，又问殿宫在这怎样了，接着就是一阵哄笑。大家都有家室，每天不登稿件就意味着没有收入，所以，在岁月静好中，我理解大家生存第一的现实压力。人大和政协真是季节性很强的战线，何况在省级报纸内，地市政治生活也难以走上省级报纸的版面。没有交办新闻的日子只有自己去主动发现新闻，吉林市的主街道每天我是要走上两次以上的，思考的都是可以登载到报纸上的线索、线索，也盼着遇上突发事件，近水楼台，但中大奖的概率毕然是低的。在1999年那个冬日的吉林江城，雾凇美好，却也经常雪花纷纷，寒冷逼仄。思考着黄远生关于记者要脑能想、腿能走、耳能听、手能写的"四能"素质，训练着自己冻得发红的"新闻鼻"。站在长街十字路口人行道上等红灯的我，被斜刺机动车道同样等信号灯的汽车长龙吸引，目光所及的四五辆汽车尾部牌照都被冰雪覆盖，这可都是没有身份证的"隐形车"啊，违反交通规则或肇事逃逸，目击者看不到，摄像也抓拍不到。驾驶员的心理暂且不去揣摩，大雪之后，冰雪污损牌照应该得到及时擦拭对驾驶员来说是必需的。心头一亮，新闻走出来了。赶紧找来摄影大哥抢抓拍摄，回报社洗印照片时，大家纷纷称赞，这是研究生水平。自新闻图片刊发在《新文化报》头版后，以后每到这个季节，省内新闻媒体都有类似提醒类的新闻图片出现，终于在那个雾凇雪景霸版吉林报纸的年代，找到另一个或是温情提示，或是普法宣传，或是生活点滴式的新闻图片叙事。驻外记者的体验在第三星期因学校临时通知返校而提前结束。

图0-2　1999年3月12日，华商报接手经营《新文化报》第一期《致读者的改版信》

　　2000年11月，这时的《新文化报》按劳分配，ABC稿总编、编辑票决，薪资立马兑现，收益看好。已经联系好分配单位，想最后体验一下记者工作的我第三次走进新文化报社。李主任再次接待我，直接劝说，还是留在长春，线索多，出新闻，而且，一直想把报纸法制版办起来，希望我能发挥作用。暂时留在新闻中心，省城确实线索不断，好的记者维持生计已不成问题。这段时间的新闻采访给我留下较深印象的有两次：一次是绿园一个老旧小区供水不达标，连续一周多无人问津，数百户居民用水困难，日常生活用水要到远在一里之外的手压井提取，天冷路滑，老年人根本无法做到。带着感情去采访，向所在社区内的30多个居民了解情况，走进7个家庭看饮用水情况，实地踏查部分居民临时取水的室外手压井。采访回来，脑海中闪现出自来水管放出的散发着臭味的浑浊污水，进进出出透着冰冷的居室，行动不便的老年住户无奈求助的目光，群众临时密集取水，溢水成冰，再被积冰"成山"包裹着的小井……正义感和责任感油然而生。《寒风中，500户居民渴望喝到清水》的稿件刊发在第二天的报纸上，居民楼下，手举瓶装污水的老大爷的新闻图片一同刊发，所幸，报社的影响促使问题很快得到解决。第二次是长春光机学院校门外，一对残疾人夫妇冬天露天修鞋，得到一对外教夫妇的帮助，学校和职能部门同意不拆除为他们搭建的临时板房，作为冬天室外修鞋场所的新闻线索。新闻通讯《修鞋小屋的变迁》与《新文化报》的读者见面，外教夫妇的善良和常年帮助他人的义举，学校和职能部门的人性化管理和给予的力所能及的支持，让一对自强不息的残疾人夫妇在温暖的室内工作，方便师生美好图景出现在中国这座最具人情味的城市街角，在冬日的长春留下一抹温情，而我们记者，有义务讲好这个故事……

　　中国新闻事业开始于19世纪30年代末40年代初，到现在约180年的历史。期间，又大体可以划分为四个阶段：

　　第一，19世纪30年代末40年代初，在西学东渐中，西方传教士、商人在中国创办近代报刊，把近代报刊理念和技术带到中国，先有林则徐、魏源、洪仁玕、王韬、康有为、梁启超、谭嗣同、严复等等这些早期睁眼看世界的中国人率先觉醒，决定办报自强、唤醒国人，《循环日报》和《万国公报》《中外纪闻》《强学报》《时务报》《知新报》《国闻报》《清议报》《新民丛报》等维新报纸兴起；后有孙中山、陈少白、郑贯公、章士钊、章太炎、蔡元培、于右任、詹大悲等革命党人创办的《中国日报》《世界公益报》《广东日报》《有所谓报》《大陆》《国民日日报》《中国白话报》《苏报》《民报》《神州日报》《民呼日报》《民吁日报》《大江报》《中华民国公报》等革命派报纸后来居上，一直持续到1911年年底，清帝退位，中国封建王朝结束，前后大约70年时间。这一时期，中国政府新闻事业管理主要体现在清政府制定的《大清印刷物专律》（1906年7月）、《报章应守规则》（1906年10月）、《报馆暂行条规》（1907年9月）、《大清报律》（1908年3月）和《钦定报律》（1911年1月）5部新闻法律法规上。

第二，1912年1月到1949年9月底，经历了民国共和、北洋政府、南京国民政府、抗日战争、解放战争，前后近40年时间。期间，《申报》《大公报》《立报》等民营报业大发展，史量才、成舍我、英敛之、胡政之、张竹平、邵飘萍、刘少少、黄远生、徐凌霄、张季鸾、骆侠挺、林白水、邵力子、邹韬奋、范长江等一批现代报人崛起；陈独秀、李大钊、毛泽东、周恩来、瞿秋白、蔡和森、恽代英、萧楚女等早期马克思主义者通过办报开展马克思主义宣传活动，《新青年》《每周评论》《新社会》《湘江评论》《天津学生联合会报》《共产党月刊》《劳动界》《向导》《中国青年》《前锋》《热血日报》等报纸期刊为中国共产党建立做好思想启蒙准备；随后，国民党发动"四一二""七一五"反革命政变，国共合作破裂，代表地主阶级和买办阶级的南京国民政府成立，并创建起以《中央日报》、中央通讯社、中央广播电台"一报、一社、一台"为代表的南京国民政府新闻传播体系；再到《新华日报》《解放日报》《晋绥日报》《人民日报》、延安新华广播电台、新华社等共产党新闻事业在艰难曲折中不断发展进步。这时中国政府新闻事业管理随政治变迁更迭，极不稳定，先后有孙中山南京国民政府《中华民国临时约法》（1912年3月）、南京临时政府的"暂行报律"（1912年3月2日—3月9日），袁世凯政府的《戒严法》（1912年12月）、《报纸条例》（1914年4月）、《中华民国约法》（1914年5月）、《出版法》（1914年12月）、《修正报纸条例》（1915年7月），国民党南京政府《装设广播无线电收音机登记暂行办法》（1930年7月）、《民营广播无线电台暂行取缔规则》（1932年11月）、《指导全国广播电台播送节目办法》（1936年）和1933年1月通过的《新闻检查标准》《重要都市新闻检查办法》，以及抗战时期国民党政府出台的《中国国民党抗战建国纲领》（1938年4月）、《国民精神总动员纲领及实施办法》（1939年1月）等。

第三，1949年10月到1976年10月，中华人民共和国成立至改革开放前，前后近30年时间。期间，主要是完成了新闻事业的社会主义改造，建立起以中国共产党党媒为主体的社会主义新闻事业。但新闻媒体也经历了"整风"运动、反右斗争、"大跃进""反修防修""文化大革命""极左思潮""四五运动"等政治运动，党领导的新闻事业在艰难探索中，遭遇重大挑战，新闻界遭逢重大挫折。这一时期，中国政府对新闻事业管理的法律法规有《中国人民政治协商会议共同纲领》（1949年9月）、《关于在报纸刊物上展开批评和自我批评的决定》（1950年4月19日）、《中华人民共和国宪法》（1954年），新闻总署出台的《全国报纸杂志登记暂行办法草案》（1950年）、《关于建立广播收音网的决定》（1950年4月14日）、《关于统一新华通讯社组织和工作的决定》（1950年4月25日）、《关于改进报纸工作的决定》（1950年5月1日）、《期刊登记暂行办法》（1952年8月）、《管理书刊出版业印刷业发行业暂行条例》（1952年8月），以及新闻界学习苏联模式等。

第四，1976年10月至2020年年底，40多年时间。期间，经历了揭批"四人帮"、真理标准问题大讨论、拨乱反正、"联产承包责任制"、改革开放、东欧剧变、小平同志"南方讲话"、中国特色社会主义市场经济道路确立与发展等重大事件。这一时期中国政府对新闻事业管理的主要法律法规有《中华人民共和国刑法》《中华人民共和国民法通则》和《广告管理条例》（1987年）、《关于报社、期刊社和出版社刊登、经营广告的几项规定》（1990年）、《外国记者和外国常驻新闻机构管理条例》（1990年）、《报纸管理暂行规定》（1990年12月），以及《录音录像制品管理暂行规定》（1982年）、《关于录音录像制品出口审核程序的通知》（1983年）、《关于进一步加强电视广告宣传管理的通知》（1988年）、《关于引进海外电视剧审查标准》（1990年）等。1980年全国两会新闻界代表建议我国制定新闻法，1984年1月中宣部新闻局提出《关于着手制定新闻法的请示报告》获批，1984年中科院新闻研究所成立新闻法研究室，先后出版《新闻法通讯》20期，1985年新闻法草案起草工作正式启动，1988年10月，形成三个新闻法草案，1989年2月，新闻出版署宣布，《新闻法》草案力争年底提交全国人大常委会审议。1992年10月，党的十四大报告提出"建设和完善社会主义市场经济体制"以来，我国陆续出台《广告法》《广播电视管理条例》《印刷业管理条例》《音像制品管理条例》《出版管理条例》《报纸出版管理规定》《期刊出版管理规定》《新闻记者证管理办法》等媒体法规和部门规章。而《关于深化新闻出版广播影视业改革的若干意见》（2001年8月），明确新闻事业双重属性，《关于深化文化体制改革的若干意见》（2005年），提出新闻传媒"事业"与"产业""双肩挑"的定位，为都市报繁荣、舆论监督进步和报纸广播电视集团化改革营造良好的政策环境。《新文化报》正是存续在中国新闻事业的第四阶段，改革开放全面开展和不断深化时期。创刊于1988年国家对传媒业的鼓励与松绑，兴盛于21世纪初国家对传媒业市场属性的确认与回归，沉寂于2020年网络新媒体对传统纸媒的冲击，前后出版32年时间，走过了中国新闻事业180年历史中的1/6的历程。未来，随着时间的流逝和曾经的报人、读者的逐渐老去，也将永远消逝在中国新闻传播历史的长河中。

人是其所处社会关系的总和。新闻从业者及其所从事的新闻事业和新闻实践亦是如此。特定媒体的出现和消失正是特定的时间、特定的地点、特殊的社会关系"巧合"的产物。

图0-3　2020年1月23日，最后一期《新文化报》

　　2020年3月1日，《吉林日报》第2版要闻版刊发：《新文化报》休刊公告。

　　2020年3月，得知《新文化报》停刊，感觉一下子一个时代过去了。那又怎样呢？一个时代的过去，就意味着一个崭新时代的到来。2020年11月，我决定辞去公务员职务，回高校做新闻传播教学和理论研究工作。高校里的安静让我有时间回顾自己30年来的求学、工作、追求理想的经历，愈发认同每个人都有属于他的时代，以及属于他的时代使命，找到了，就会找到自己是时代的幸运儿的阀门，反之，就会觉得自己生错了时代，是时代的弃儿。幸运的是我觉得我是前者，有幸在这个时代系统学习新闻传播理论，有幸参与改革开放全面开展、不断深化时期的新闻传播事业实践，有幸作为管理者见证实施新闻政策的发布落实，有幸在短短的30年就经历了纸媒、电子媒体和网络媒体三大传媒时代，这也就决定我有责任把在这个时代学习到的新闻传播理论—体验到的新闻传播工作经验—践行的新闻传播管理实践—开展的新闻传播科研成果记录下来。正是出于这样的朴实想法，使我有勇气、有动力把自己的所思所想汇集成册。但也正是限于游走于新闻传播理论学习、采写管理实践、科学研究之间，切换频繁，心有浮躁，加之能力有限，书中见地、论述多有不妥之处，亦请读者包容、原谅。该结束的终归会结束，该到来的一定会到来。而我的新的到来，从《媒介天平——广播电视全媒体法治研究》开始！

2020年11月25日
吉林省图书馆3楼自修室

目　录

第一章 绪 论

互联网颠覆了传统信息媒介的传播方式与格局，传统媒介之间、传统媒介与新媒介之间的界限和差别日渐模糊，流媒体、融媒体、自媒体和全媒体等新媒体不断涌现，共同汇聚在各大商业平台搭建的网络信息传播空间，形成一个跨越时空的强大信息"场域"，并以"互联网+"的形式快速融入人们日常生产生活的方方面面，将人类社会快速带入"网络社会"（卡斯特语）和"信息社会时代"（邬焜语），网络世界无远弗届、无所不包、无比强大，已经成为一个让人们难以割舍，与现实世界比肩并行的"新世界"。

这一"代入"既"蓄谋已久"，把人类以前的口语传播、文字传播、电子传播的一切准备一并整合进网络世界，营造一个最接近现实的"虚拟现实世界"；同时，又"茫然无措"，网络世界大量取代现实交往，"一夜之间"量变到质变的"迭代"跨越，让更多人在完全没有做好精神、心理、身体、道德、法律、社会准备和不知如何做好相互交往的情况下，就被裹挟进全媒体时代和网络社会。互联网及其构建起来的网络社会既是全球的，也是全人类的，任何封闭保守、开历史倒车的行为都犹如螳臂当车，必将徒劳无益。2020年，新型冠状病毒在全球肆虐（据世界卫生组织统计，截至北京时间2020年11月15日23时35分，全球累计新冠肺炎确诊病例为53766728例，累计死亡病例1308975例）。同时，世界金融危机、粮食危机、经济衰退以及战争、环境和难民问题困扰全球。在危机和危难面前，西方发达国家给出闭关自保、去全球化的药方，"美国优先""中美脱钩""制造业回国""退群""英国脱欧"，罔顾网络化、全球化事实，一系列利己主义的操作后，使新冠疫情更加严峻（世界卫生组织统计，2020年11月15日当日新增594000例，死亡8212例，美国欧洲疫情尤为严重）；与此同时，致力打造人类命运共同体，尊重多种声音，让开放的大门越开越大，推进经济全球化和区域一体化的中国、东盟等国小有收获，2020年11月15日，包括中日韩在内的15个国家共同签署全球最大的区域全面经济伙伴RCEP协议。在灾难和危机面前，两种不同认识、不同作为而造成的不同结果共同呈现在"网络世界"，也让人们通过网络世界更加看清历史和未来。历史大潮浩浩荡荡，顺兴逆亡，在网络化、全球化和经济一体化的今天，只有早做准备，顺应潮流才能立于不败之地。

网络化与全球化密不可分。一方面，网络化在一定意义上组织和加快了全球化进程，丰富了全球化内容和深度；另一方面，全球化亦进一步明晰了网络化的方向，加快了网络技术创新步伐，加深了人类对网络世界未来的认知。当今世界，无论是国际还是国内，无论是中国还是世界，开发网络技术（包括5G、大数据、区块链、云计算、物联网、芯片、人工智能、量子通信等），提升网络科技水平；开展网络合作，促进经济发展；开启网络新时代，推进物质文明和精神文明进步的宏大设计和长远愿景，需要有力的规制制度来保障，这是对各个国家各个民族未来生存发展的一次大考。习近平总书记说，"我国社会主义法治凝聚着我们党治国理政的理论成果和实践经验，是制度之治最基本最稳定最可靠的保障"。[1]"过不了互联网这一关，就过不了长期执政这一关。"[2]"无论什么形式的媒体，无论网上还是网下，无论大屏还是小屏，都没有法外之地、舆论飞地。主管部门要履行好监管责任，依法加强新兴媒体管理，使我们的网络空间更加清朗"。[3]

第一节　时代精神的精华

马克思说："任何真正的哲学都是自己时代的精神上的精华。"今

①习近平．推进全面依法治国，发挥法治在国家治理体系和治理能力现代化中的积极作用［J］．求是，2020（22）：4.
②习近平．加快推动媒体融合发展　构建全媒体传播格局［J］．求是，2019（6）：5.
③习近平．加快推动媒体融合发展　构建全媒体传播格局［J］．求是，2019（6）：7.

天，我们寻找和思考真正的哲学，锁定时代精神的精华，"信息"和"网络社会"可能是再合适不过的了。网络时代，每个人的一天大致都是这样开始的：清晨在手机网络定时铃声中醒来，迷迷糊糊睁眼的第一件事是拿起放在枕边的手机，收看"墨迹天气"，确定这个冬日北方的天空虽然灰蒙蒙的，但还是个晴天，不影响出行；然后，点击抖音、快手、微信、QQ群等社交媒体，快速浏览一下单位工作群、家庭群、同学群、战友群、朋友圈最新状态状况，在确认身边没有紧要工作和家庭事务要处理后，放下一颗悬着的心；之后，漫不经心地点击并刷新今日头条、哔哩哔哩、腾讯新闻等信息平台，了解一下最新国际国内要闻、生活资讯、电影资讯和近期热点事件进展，把这些作为一会到单位闲暇时间与同事朋友闲聊的谈资；再之后，才是告别温暖的被窝，走进洗手间刮胡子、洗漱、化妆，当然这期间，坐在座便上，也还是会间歇式地刷一刷各类信息进展或阅读完一条于自己来说紧要的信息（这可是一天之内信息更新最快的时间），不能错过第一时间的接收和反馈；吃上一口昨晚电饭煲预约好的八宝粥和烤箱里新鲜出炉的烤牛肉、地瓜之类的早餐后，穿好衣服，打开滴滴出行预约网约车上班；走出家门，预约汽车司机如约而至，上车坐定之后，已经握得发热的手机再次被打开，继续刷各类信息；到了单位，拿到同城快递昨晚送到的邮件，来到办公室，刚坐下，一则工作群的通知已到，"请全体员工下午两点到公司会议室集体学习"，虽然发通知的就是刚刚走廊上见过并打过招呼的隔壁办公室的同事小赵……

网络信息包裹着的今天，我们从未在生产生活的各个瞬间和各个方面如此依赖网络信息，信息既是我们最亲密的伙伴，同时，也是最熟悉的陌生人。谷歌董事长施密特说："人类从直立行走到2003年的400万年间，一共创造了5艾字节的信息，这个存储量相当于50亿部1G电影。而到了2010年，人类每两天就会创造5艾字节；到了2013年，人类每10分钟就创造5艾字节，到今天（2019年），人类每分钟就创造5艾字节的信息。"尼葛洛庞帝在20世纪末，预测并描绘了这一美好图景，并将人类这一最新生活状态归结为"数字化生存"。只是让人没有想到，在20—30年的光景里，人类就真实地进入了这个数字智能的"虚拟现实世界"。麦克卢汉将这归纳为"在信息瞬息万变的时代,人们结束了分割性专门化工作的职责,承担了搜集(信息这一)新的角色。这一点和采集食物的原始人要与环境保持完美的平衡完全相同"。在哲学守望者的眼里,网络时代,传统社会哲学研究的最高范式"存在"的构成也发生重大变化,"存在"由以往"'存在=物质+精神'演变为'存在=物质+信息'"。①因此,在网络传播的语境下,重新认识信息的本质,研究把握网络社会的信息传播规律,就是在认识这个新时代,就是在思考如何更好地融入这个时代。新信息哲学是网络时代精神的精华!

第二节　主流媒体进军网络主阵地

信息技术的"奔跑"与"任性"催动传统"工业社会"形态正在被"网络社会"形态所取代。作为工业时代最具影响力的大众传媒——广播电视正在以数字电视、有线电视、卫星电视以及IP电视、手机电视、移动电视、手持电视等多种形式存在。在数字技术、人工智能和5G通信技术的加持下,传统广播电视正加快向网络主阵地进军步伐,网络视音频信息在网络空间中已经占有举足轻重的地位。据中国互联网络信息中心(CNNIC)2020年9月29日发布的第46次《中国互联网络发展状况统计报告》统计,截至2020年6月,我国网民规模达到9.40亿(占全球网民的五分之一),互联网普及率达67.0%(高于全球平均水平5个百分点);我国网络视频(含短视频)用户规模达8.88亿,占网民整体的94.5%(其中,短视频用户规模为8.18亿,占网民整体的87.0%);短视频成为新闻报道的新选择,网络新闻用户规模为7.25亿,占网民整体的77.1%,网络新闻借助社交、短视频等平台,通过可视化的方式提升传播效能。受疫情影响,网上外卖、在线教育、网约车、在线医疗等线上服务快速发展,用户规模分别达到4.09亿、

---

①邬焜. 信息哲学对哲学的根本变革［J］. 中国人民大学学报,2016(6):128.

3.81亿、3.40亿和2.76亿。①网络视频用户比2015年同期增长近一倍，2015年6月份，我国境内网络视频用户规模已达到4.61亿。②网络视频广告在各类网络广告中的增幅最高，手机端视频广告更是增幅迅速，且仍处于高速增长态势。

在国家加快推进媒体深度融合发展的总体布局下，各地广播电视台纷纷结合实际，淘汰落后产能，关停收听收视率低的频道、频率，停播投入较大没有产出的广播栏目和电视节目。深圳、杭州、珠海等经济发达地区城市广播电视台，轻装上阵，加快技术改造，加大广播电视新闻媒体内部资源和生产要素的有效整合，以互联网的思维合理优化资源配置，培养全媒体采编播管人才，将更多的人、财、物投向互联网主阵地。优化融媒体采编网络和工作流程，推进采编和技术力量共享融通，报（台）、网、端、微协同互动。积极搭建网上网下一体的新型视音频移动传播平台，拓展网络信息传播渠道，发挥传统广播电视新闻媒体生产能力、信息聚合能力和技术引领能力，提供与主流媒体品格和气质相一致的精品内容。拥抱互联网在媒介领域引发的变革机会，实现传统媒体向新兴媒体的迭代发展，加快向网络进军，全面参与网络媒介竞争。

这次进军，由网络技术革命引发，必将伴随网络及相关技术主导权和研发核心竞争力的转移而展开，因此，必须保持对5G、人工智能、量子信息、区块链等核心技术的敏感和使用转化，牵手高新企业和国家重点实验室，加快VR、AR、MR（混合现实）和超高清、全息化、可视化、沉浸式、交互式的广播电视新闻产品的研发和运用，提高掌握广播电视全媒体核心技术和自主创新的能力，强化"用户"理念，建立"新闻+政务服务商务"运营模式，在内容生产和播出形式两个方面推出更多适合移动传播和社交传播的新闻产品。运用"算法"技术，准确了解受众信息需求，做到量身定做，精准传播，多生产出短视频、微电影、公益宣传片、海报图

①李政葳. 我国网民规模已达9.4亿 短视频用户规模增长超四千万［EB/OL］.（2020-09-29）［2020-10-10］. 光明网.
②蔡赴朝. 开创中国网络视听产业繁荣发展的新局面［J］. 中国有线电视，2015（12）：1353.

片、有声新闻等群众喜爱，刷屏热传的广播电视全媒体作品。在金融运作和市场主体打造方面，支持主流媒体控股或参股互联网企业、科技企业，支持主流媒体参与国家特殊管理股制度试点。同时，按照国家总体布局和所绘制的国家、省、市、县四级广播电视台深化融合改革路线图，梯次推进、各有侧重。有条件、有实力的中央广播电视媒体尽快建成新型主流媒体"航母""旗舰"；省级广播电视媒体重点建设省级技术平台和区域性传播平台；市级广播电视媒体因地制宜，自建融媒体中心和传播平台；县级广播电视媒体要实现融媒体中心的全覆盖，建成面向基层的主流舆论阵地、综合服务平台和社区信息枢纽。这次进军，既是国家职能部门主动作为，维护舆论传播主阵地上的政治安全、文化安全和意识形态安全的顶层设计，也是广播电视媒体自我救赎，浴火重生的主动迎战。

第三节　媒介新闻立法之殇

传统媒体进军网络主阵地，融入全媒体时代既是大势所趋，也是网络时代所有传播媒介和媒体人的宿命。网络世界是与现实世界并行的"虚拟世界"，其想象空间和创造能力远超现实世界。但既然同为人类共同进行脑力和体力活动的世界，就需要有规制法律来约束和规范参与者的行为。关于线下传统新闻传播立法与线上网络信息传播立法都是未来广播电视主流媒体进军网络的制度依据和行为准则，但这两个方面立法历程却着实对比鲜明：一个道路曲折，困难重重；一个峰回路转，逢山开道。总体上讲，我国新闻立法工作筹备时间很早，网络信息立法工作起步较晚，两者推进进程和结局，也算是应了差强人意、殊途同归这两个词的意思吧。前者持续努力40多年，当初的立法倡导者所生活和依据的政治环境、经济环境、文化环境、传媒环境已大不相同；后者则时逢经济、技术、革命风潮，后来居上，快速推进。

2014年可以作为我国新闻立法和网络立法的一个分水岭。这一年，国家对互联网和网络信息传播有了更加清晰的认识和更加宏大的设计，并加快实施，从而，也使2014年前后我国互联网信息传播呈现出两种不同景观。2014年之前，互联网快速发展，人们尽情上网冲浪，尽享互联网提供的便捷精准信息服务的同时，也深深感受到网络侵权、网络欺诈和网络暴力之痛。[①]但信息传播立法理念和规制主体管理的重点还是在传统新闻媒体上，立法滞后导致一些网络信息参与主体的正当权益被侵害时无处主张，网络参与者合法权益不能得到法律的有效保护。更为严重的是，因为一些网络侵权违法行为得不到有效惩罚，反而更加纵容了不法企业和个人的网络侵权行为。新闻法律的缺失和传媒立法的滞后使网络参与者只能将维权主张寄希望于政府行政监管部门，但值得注意的是，在对这些网络侵权及违规行为进行惩处的过程中，个案的发现和被重视最初往往不是在监管部门，而是来自企业间的恶性竞争和相互举报。而这种相互爆料"互黑"事件不仅仅存在于个人和中小网企之间，主角还经常涉及知名网企，手段也常常师出于市井。"剧情"经常是采取一方化名为有责任感的普通群众，出于义愤和责任，揭发不良网络传媒企业的违规行为，这类经常隐瞒身份，占据道德高地，实现未知目的的特殊人群，被网民称为"网上朝阳群众"。2015年8月10日，央视《焦点访谈》栏目播出了"清盘除垢净网络"的报道，其新闻线索就是名企腾讯的举报。节目播出后，多家网络媒体以旁观者的轻松心态，争相报道了腾讯继2015年5月举报"快播"之后，又举报360云盘涉黄的这一网络企业之间竞争的事件背景，并以"腾讯化身朝阳群众，举报360云盘存在大量色情内容"为题，转载了"央视焦点访谈关于'清盘除垢净网络'的报道"。

个人和企业的网络正当权益不能通过简单便捷的法律渠道或者政府职能部门的有效监管得到维护，网络企业"揭批""互黑"大战的背后，隐藏着企业对商业利益的执迷，对法律、道德、责任和公众利益的漠视，这种乱象也从实践层面郑重提醒顶层设计填补网络信息传播法治监管空白的迫切。而权威媒体央视对此事报道的意义似乎仅限于舆论监督的议题设置，而议题引发的后续舆论则被网络媒体纷纷把控，一些网络媒体大量转

---

① 田野，丛林. 虚拟网店能否享有名誉权［J］. 法庭内外，2015（8）：3—4.

载中央台的报道，但加装题目，更换门面，作为自己的创作大肆兜售，既刷了存在感，又赚取了点击量。回头看传统新闻媒体的这则新闻报道，新闻线索是网络企业提供的（还是名企），报道事件内容是网络热点企业的热点事件，最后，话题的效果一闪而逝，大家见怪不怪，随即被观众所遗忘（多数受众还是因为网络转载才知道《焦点访谈》报道了这则新闻）。网络媒体纷纷跟进转载，中央台的权威性、严肃性成为各个网络媒体挖空"尾新闻"所有价值的"底气"。而这背后反映出来的是所有新闻媒体和新闻人的心酸——努力近40年的新闻立法至今无果，面对网络侵权，知识产权、版权得不到有效保护。

2014年之后，传媒立法理念和规制主体管理重点转向网络信息传播，网络立法大势看好，但仍存隐忧。2014年《中共中央关于全面推进依法治国若干重大问题的决定》提出，"加强互联网领域立法，完善网络信息服务、网络安全保护、网络社会管理等方面的法律法规，依法规范网络行为"。2020年全国人大常委会审议通过《中华人民共和国民法典》将于2021年1月1日起实施，同时，《中华人民共和国数据安全法（草案）》也已提请全国人大常委会审议，加上之前于2017年6月1日起实施的《中华人民共和国网络安全法》，以及《电子商务法》《文化产业促进法》的实施，使我国网络立法工作取得较大进展。关于网络信息服务、安全服务和社会管理规章的制定也有些起色，2017年国家网信办出台《互联网域名管理办法》《互联网新闻信息管理规定》《互联网信息内容管理行政执法程序规定》，特别是关于互联网新闻信息服务的"九不准"规定，完善了原来单纯以"门户网站"为主要规制对象的管理，将微博、微信、客户端、论坛、公众号、即时通信工具、网络直播等都纳入管理范围，实施许可证制度；同时，对互联网垂类产品领域的论坛、跟帖、群组等网络信息进行规范，从部门行业角度强化对网络信息传播服务的管理。近几年来，互联网立法工作的进步，在一定程度上起到有效规范网络信息服务，促进网络经济健康发展的作用，特别是《互联网新闻信息管理规定》，在线上强化新闻信息传播管理方面，完成了一次探索新闻立法的有益尝试；同时，也给人们留下通过对网络主阵地开展新闻活动的管理创新，寻求新闻立法技术突破，进而破解部门联动困难和线上线下割裂的新闻立法难题，出台一部面向全媒体时代的新闻传播法规的想象空间。

新闻传播法与网络信息管理法有关联性，但又有本质区别。2020年11月17日，清华大学某学院师姐声称在食堂被素不相识的学弟性骚扰，强行查看对方学生卡后，通过朋友圈公布对方姓名等个人信息，并施加压力，要求其通知家长、在学院道歉，声称要通过社交媒体和其他网络媒体让其"社交性死亡"。涉事男生压力巨大，内心挣扎，甚至想过如果监控失灵，难证清白的话，就以死自证清白。好在经查看监控录像还原事情原委，冤情得雪。但事情因在社交平台传播，而走出清华园外，并因"清华大学""性骚扰"等热点词汇和敏感话题，迅速被新闻媒体和商业网站关注并在更大范围内二次传播，一时形成网络舆情热点。事件确如"师姐"此前努力和设想那样，向要其"社死"的方向发展。但经过新闻媒体、商业网站的无限放大和事件反转，事情走向失控。商业网站不亦乐乎，先是热心报道清华出现师姐声称学弟性骚扰事件，继而，再大肆传播网络大V关于事件反转的帖子、短视频，以及大量网民戏谑和漫骂的跟帖，短时间，多次赚足眼球。"清华大学某学院学姐××"登上热搜，清华回应学姐告学弟、唐×照片、清华某学院高考分数成为搜索热词，今日头条重要栏目有171万粉丝的"悟空问答"对此事件更是"热情似火"，接连开设"如何看待清华大学某学院9字班女生××宣称要让0字班学弟'社交性死亡'""清华大学'摸臀门'逐步发酵，你怎么看？""从清华学姐事件，看当代部分女性素质！""清华腚姐是个什么梗？"的讨论，话题既被无限放大，也被刻意掺杂吸睛香艳侮辱性的话题。事情发展至此，真相已不重要，理性也不重要，关注度和点击量才是。平台网站后面的利益集团和商业目的才是真正左右事件进程的力量，这种另类暴力直至后知后觉的规制机构在事件传播已影响到正常的宣传秩序后，出面一事一议地加以制止为止。网络暴力在打出第一拳后，会把最初的始作俑者也一起淹没，最终没有赢家，只有背后得惯便宜的商家的冷漠，抑或五味杂陈式数着点击量换来的不光彩的钱，这是当下网络传播的现实。在事件处理的解读方面，一个涉世未深，因各种原因造成教育和认知缺失的学生，由于大学校园生活中的一次不理智的"霸蛮"行为（双方一个大一，一个大二，都是刚刚告别高中阶段的孩子），被网络社会无限放大，被集体无意识的成人社会无限恶意解读，个人隐私和私生活被无限放大曝光。这样的成人社会和造成这样局面的媒介规制不值得反思吗？网络媒体引用律师给出的指导性建议重点集中在证据认定和名誉权保护方面；清华大学宣传部门忙于澄清和让双方和解，降低事件热度。网络新闻媒体与商业网站向来最喜欢在证据不足、事件尚无定论的情况下大肆炒作传播网络热点事件，假以时日，还会有其他门、其他学姐师弟热效应热过这次事件。11月27日，"清华学姐"还未淡出人们视野，女演员沈佳欣个人社交账号质问钟南山蹭热度事件又起；11月28日，人民日报官方账号和胡锡进批判马保国"卖丑"生存再次让人记起如水蛭吸人般长久生存于网络的"功夫巨星"马保国。可以断言如此规制环境下的网络传播，今后一定还会出现这个门那个门的事件。事件出来后，我们可以提醒在证据不足的情况下，不要对性骚扰事件妄下结论，可以借用惩治侮辱英雄的法律规定惩治毫无底线的演员，可以把卖丑生存当作茶余饭后的谈资，博一笑而已。但是，有没有人想到，恶劣的网络传播事件和糟糕的网络环境一旦常态化，对青年一代会造成什么影响？会诱导他们树立怎样的人生观、价值观？这类事件暴露出来的问题又一次指向我国没有新闻传播立法的痛处。个人社交媒体、新闻媒体、商业网站、APP信息平台等不同媒介的各自信息传播的边界是什么？社交媒体的信息要满足哪些条件后，才可以成为新闻报道的信息？商业媒体不经核实，无限制地转载炒作信息该不该负扩大事件后果的连带或主要责任？信息媒介的管理机构该不该合一，该不该及时有效地回应或明或暗的网络暴力，并独立裁决？如果这些行为通过新闻立法得到明确后，现有绝大多数网络暴力事件是可以避免的。不论是官方舆论场还是民间舆论场，法律规定的不达标的信息不许上传，不达标的信息不予报道，不达标的信息不得转载。这样，才能让人们遇事先想到法律，而不是先想到使对方"社死"的简单粗暴式的处理方式。

第四节 让规制下的网络世界天蓝草绿

进入21世纪以来，如何用更好的规制管理，来促进本国新闻传播、网络传播健康发展，来提高本国媒体的竞争力和创造力，并最终赢得对外传播的话语权和网络竞争的全面胜利是各国政府和新闻传播学界关注和研究的重要课题。一直以来，美国、欧盟、澳大利亚以及亚洲的日本、韩国等发达经济体都高度重视媒介规制管理研究和实践。总体来讲，西方发达国家媒介规制研究起步早，规制理论和实践探索基础深厚，成果丰富，在媒介融合时代的媒体规制管理上走在前面。

进入21世纪以来，国外媒介规制理论研究经历了三种思潮：一是"新自由主义思潮"（诺姆·乔姆斯基，2000）。新自由主义是在亚当·斯密古典自由主义思想基础上建立起来的一个新的理论体系，强调以市场为导向，是一个包含一系列有关全球秩序和贸易自由化、价格市场化、产权私有化观点的思想体系。新自由主义的理念渗透到了美国经济社会发展的政策中，其中包括电讯和传媒业发展政策。它强调市场逻辑，反对国家干预。二是"公共利益至上思潮"（罗伯特·W.麦克切斯尼，2004）。主张为了提高公众的教育水平，广播电视要提供尽可能丰富的、多元化的、反映多民族利益的节目，需要平衡各种利益，比如各民族利益、党派利益、商业利益、国家利益等。西方公共广播电视媒体一般不以收视率作为衡量节目质量的标准，收费来源包括执照费、政府拨款等专门的财政支持。三是"消费者利益至上思潮"（吉利恩·多伊尔，2005）。该思潮从传媒产业发展的经济视角切入，认为广播电视全媒体作为重要的经济体所取得的绩效，与媒介机构运作的市场结构有关，特别是与所有权集中程度有关。因此，规制理念应该是需求决定供给，放松结构规制，从"公共利益至上"向"消费者利益至上"演进。在21世纪的第二个十年，发达经济体更加重视互联网上的国家主权、安全性、反恐、本国文化保护等领域，特别是网络社交媒体出现后，各国民族主义抬头，民粹主义和保守主义回潮，这在2013年美国"斯诺登事件"、2016年"英国脱欧公投"、2017年"电脑勒索病毒全球爆发事件"，以及2020年美国警察跪死黑人事件和总统大选两大选民阵营对立中表现得更加充分，特别是"斯诺登事件"和2017年"电脑勒索病毒全球爆发事件"，都指向了幕后的美国国家安全局（National Security Agency，简写为NSA），过度的网络防范和过度的网络侵略性、进攻性诠释了"美国优先"战略早在特朗普上台之前，美国政府就在其全球网络战略上予以坚决执行。

国内对于媒介融合和媒介规制理论研究起步较晚，但进步很快，在法学、哲学、历史、文化、社会等交叉学科和技术运营等实践层面都有长足进展。相关研究主要围绕五个方面展开：一是对媒介管理历史沿革和存在问题的研究。陈建云（2005）、胡正荣和李继东（2005）对我国广播电视的管理历程进行了总结和检视，刘建新和强月新等对30多年来广播电视全媒体管理变迁做了定性研究，深入分析了我国广播电视媒体规制建设困境及其根源。李向阳（2008）基于工作和理论研究实践，深入剖析了我国旧有广播电视管理在传统媒体转型升级和深化改革过程中，所面临的传播歧视、媒介寻租、过度娱乐、角色错位、记者无助、诉讼缠身、资本逐性、融合受阻、道德失范等一系列规制失灵或半失灵问题，提出了走规则法制化、机构法定化、主体多元化、行为规范化的媒介规制改革建议，指出应切实抓好政府职能转化、推动立法进程、培育行业组织、加强规制研究等当务之急工作。二是国外广播电视规制体制机制对我国媒介经营管理的启示研究。董静、李本乾（2006）以美国和欧洲为例，对中外传媒产业规制的主要模式进行比较分析，并对以规制对象、规制原则和规制途径为主要组成部分的传媒产业规制进行系统思考，以期对我国传媒产业的发展有所裨益。朱春阳（2008）指出随着传媒产业融合的不断加深，国际上对传媒产业的规制正面临从结构调控向行为调控转变，并遵循效率优先的价值取向。喻国明（2008）关注了西方传媒规制政策的价值取向问题，对广播电视全媒体规制的构建及效果评估进行研究。三是对我国现行媒介规制主体、规制政策进行梳理，就规制主体建设和规制内容本体进行研究。吴瑶（2011）以2010年国家广电总局颁布的法规为例，从广电机构和政府之间的关系入手，分析我国广播电视全媒体的政府管制内容和方式及创新方向。江平等（2008）从立法和母法缺失角度对广播电视媒体规制管理进行研究，对传统的广播电视和网络视听节目侵权的法理依据进行思考。认为网络视听侵权行为侵害的是网民信息传播和信息获得的权利，而这个权力的母法应是我们的新闻立法、出版立法、言论立法，但到目前为止我国还没有在言论、新闻、出版方面的法律，因此，母法缺失是网络视听信息权益被侵害和管理混乱的根源。四是从媒介技术创新、媒介运营实践和媒介传播环境分析出发，研究我国媒介规制改革路径、方向。肖叶飞（2011）考察了网络技术带来的产业融合时代传媒产业规制的思路应该是实现公益性事业和经营性产业分类运营管理。朱春阳（2008）结合中国传媒产业的发展阶段，认为效率与公平的兼顾是传媒产业规制的基本原则，传媒产业与事业的分离是行政规制效率提高的切入点，要以形成全国统一、开放、竞争的传媒市场为产业规制目标，来提升中国传媒产业竞争力。林勇毅、吴生华认为全媒体时代广播电视应加强内容监管体系法规建设，从加强立法着手，为三网融合发展和融合监管提供法律依据和框架；明确主体，设立统一的内容监管机构；调整重心，强化媒介内容的中、后端管理等三个方面来提高行业规范力。五是从受众角度对如何确保广播电视全媒体传播公平和公共利益保护进行研究。戴燕的调查显示：有86.9%的微博用户没有发过原创帖，有88.9%的用户从未转发过别人的原创帖。全球社交网络的用户活跃度显示，新浪微博的用户活跃度下降了40%，中国的社交网络正变得安静。复旦大学发布国内首份中国微博用户影响力研究报告显示：在该报告评选出的最具影响力的TOP100用户排名中，男性占91%，前20名均为男性。其中，职业媒体人33人，学者26人，作家20人，商界人士17人。草根群体难见其身。这些研究采取中西比照和理论与实践兼顾的方法，从管理学、经济学、传播学、新闻学、社会学、伦理学等不同的视角出发，对媒介融合环境下国内外广播电视全媒体管理进行思考，总结和回顾了各国广播电视全媒体管理实践，为我国自身广播电视全媒体管理创新提出了一些思路性的发展方向，具有一定开创性和基础性的研究意义。

第五节　媒介效率与公平的平衡器

　　本书以"广播电视全媒体"概念为切入点，把"以数字技术进行采集、制作、存储，通过卫星、宽带和移动通信技术进行跨界、跨媒体传播，并在一定范围内被广泛接收接受和再次传播的视音频媒体"作为研究对象。以是否"线上""线下"传输和是否带有传统广播电视台"血统"为标准，将现有的广播电视（公开传输的视音频信息）划分为线上广播电视全媒体、线下广播电视全媒体和传统型广播电视全媒体、创新型广播电视全媒体四类。这样就囊括了数字技术、网络技术、现代通信技术产生后，制作生产出来，并通过各种媒介形式公开传播的所有视音频信息。除绪论部分外，本书以广播电视全媒体为线索，以媒介融合和媒介规制为工具，从媒介融合的源头、媒介融合的产物、媒介融合的经验、媒介融合的探索、媒介融合的思考、媒介融合的实践和媒介融合的路径等不同方面，层进式地安排了六章内容：广播电视全媒体概念及发展历程；广播电视全媒体管理认识的三个维度；我国媒介立法与管理实践；我国广播电视全媒体法治管理分析；国外广播电视全媒体法治管理经验；我国广播电视全媒体法治建设理路。本书以线上线下公开传播的广播电视视音频信息为考察对象，给出广播电视全媒体概念、特征、分类等属性认识，确定了广播电视全媒体研究理论、工具和方法问题；随即对广播电视全媒体进行哲学层面、媒介层面、规制层面的重新认知和反思，洞察广播电视全媒体内在属性和发展规律；接着分析了国外媒介规制（特别是广播电视媒介规制）管理历程、理论和实践探索，梳理和总结了国外广播电视全媒体规制理论研究成果；接下来对国内广播电视全媒体发展历程、管理实践和规制管理涉及领域进行研究；进而对国内广播电视全媒体法治管理进行学理分析、法理分析、机制分析、案例分析，并在此基础上，将社会各界对广播电视全媒体法治管理的理路设计进行梳理；最后，提出我国广播电视全媒体法治建设路径。

当前，国内广播电视全媒体管理过于依赖行政管理，媒介新闻立法空白，而世界广播电视全媒体规制管理处在升级转型的变更期，国内外广播电视全媒体规制管理研究正处在由传统广播电视管理向广播电视全媒体规制管理过渡和向网络"主阵地"进军的彷徨期和探索期。在这个媒介传播迭代发展，即将开启新时代的历史节点，理论界需要对转型期广播电视全媒体管理领域出现的新概念、新理论、新事物进行研究范式上的厘定和阐释，将其纳入法治这个最根本的规制管理框架下，运用科学的理论研究方法，形塑广播电视全媒体时代的传播者、传播媒介、传播内容、传媒对象、传播环境和传播效果，进一步统一对广播电视全媒体法治管理研究的概念把握、哲学认知、技术认知、社会认知、理论认知和道路认知等基础性问题，密切关注日新月异的广播电视全媒体实践，努力通过立法、司法和整个法律系统的完善，为广播电视全媒体健康发展、公众基本权益保障和更好地参与国际竞争保驾护航。本书对传统广播电视台转型、"三网融合"、管理机构整合、媒介立法、简政放权、依法行政、产业转型、意识形态管控、公共利益维护、公民权益保护、国际竞争以及网络侵权、网络隐私保护、网络意识形态话语权争夺、网络暴恐信息控制、网络低俗内容监管等涉及广播电视全媒体传播的热点问题进行了关注和研究，在规制和法治层面给出解析和应答。本着广播电视全媒体发展技术中立、产业经营中立的原则，统筹推进数字化、网络化发展，对线上线下广播电视全媒体进行总体规制设计。摸索和践行广播电视全媒体规制管理的具体路径由"纵向分业管理"向"横向分层管理"模式演进，给出广播电视全媒体法治管理的路径方向。对当下宣传、网信、广电、出版、文化旅游等党政部门在网络时代和媒介融合的关键时期，如何完成好自身大部制改革、简政放权、依法行政和提高行政效能任务，更好地发挥自身作用提供了参考。

本书采取定性分析和定量分析相结合的方法开展研究，定性分析重在研读大量相关文献，做了一场关于广播电视全媒体领域的深刻概念思辨和头脑风暴，以跨学科的视角，对广播电视全媒体做全新的哲学认知、技术认知、媒介认知、法律认知和实践认知；对广播电视全媒体概念、特征、分类给予科学归纳；对广播电视全媒体规制管理存在问题和具体路径做方向性的研判。定量分析重点对国内外广播电视全媒体行业实际、现实问题和广播电视全媒体规制机构设计、管理实践、具体效果和典型案例做实际调查。采取资料查询、实际访谈、案例设计和一线实践的方法推进。具体方法如下：

调查研究法：2020年新冠疫情暴发第一个月，调查受众的媒介选择和实际应用情况，组建"突发疫情时，受众媒介选择及应用情况调查课题组"，历时两个多月，发出调查问卷700多份，收回有效问卷500多份，在第一时间真实掌握到受众在突发疫情事件中的信息需求、媒介选择和广播、电视、报纸、商业网站、官网、社交媒体和APP信息平台等信息媒体的实际表现。

访谈法：主要解决的问题是盘点当下广播电视全媒体法治管理方面存在的问题，以及运用现有法规在实施管理的过程中面临的实际困境，征集业内人士对我国广播电视全媒体法治管理主要任务、路径建设的具体看法和建议；访谈对象包括部分传统广播电视台从业人员、网络视音频内容的生产者、视音频平台经营者、相关领域的专家，以及从事广播电视和新闻传播立法执法的公务人员；样本选择涵盖部分广播电视新媒体从业人员、内容接收者、平台经理人、学者专家、法律工作者、公务人员等；调研访谈方式主要有两种：电话采访和座谈。

案例研究法：主要解决的问题是通过对典型案例的剖析，明确在数字化、网络化的背景下，广播电视创新发展过程中所遇到的法律问题及其产生原因、方式形态和未来走向，并从中寻求对新闻立法等顶层设计的启发和借鉴。这些案例主要聚焦在议程设置、话语权转移、网络安全、网络侵权、网络维权、网络传输、黑广播整治等。密切关注管理部门出台的管理法规，特别是自2011年国家网信办成立以来，密集出台的涉及线上广播电视新媒体生产经营的规章制度。比如2012年7月，原广电总局和国家互联网信息办公室联合印发了《关于进一步加强网络剧、微电影等网络视听节目管理的通知》，以及2014年1月针对实践中出现的新问题，国家新闻出版广电总局研究制定的《补充通知》。

实践观察法：作者本人是省会城市广播电视行政管理部门政策研究、

依法行政和行政审批工作的具体负责人，日常的管理工作都与广播电视全媒体规制中的政策解读、企业管理、执法实践和市场监管行为有关，通过亲身的管理实践体验，积累了必要的广播电视全媒体法治管理素材，并深切体察到传统广播电视在网络时代创新发展的艰辛探索，以及在内容竞争中存在的灰色地带，研究者、管理者和亲历者的不同身份、不同视角、不同感受集于一身，是一种特别的经历和存在，对于丰富我国广播电视全媒体法治建设研究有所裨益。

第二章　广播电视全媒体
概念及发展历程

　　数字技术、网络技术和现代通信技术重塑了媒介的属性和媒介市场格局，传统报刊、广播、电视大众传播媒体的信息生产、传播、存储和营销方式被彻底颠覆，媒介之间的界限日渐模糊，融合共生、取长补短、视听兼备的全程媒体、全息媒体和全效媒体成为媒介发展的新趋势。特别是广播电视视音频信息，更是借助数字技术、卫星传输技术和移动通信技术，迅速打破了"线下"（有线数字电视和卫星数字电视）和"线上"（直播、短视频等网上音视频信息，占据了网民流量消费70%以上）媒介传播壁垒，主导了媒介传播市场的中心地带。这种整合了数字技术、移动通信技术和智能技术，以视音频形式存在，在线上、线下同步广泛传播，并越来越多（2020年6月，网络视频用户达到8.88亿，占网民整体的94.5%）、越来越便利（微信、抖音、快手等社交平台）地被人们接收、接受的新的信息传播形式和传播介质与机构，就是本章所要研究的广播电视全媒体。

第一节　传统广播电视的嬗变

　　广播电视是人类技术创新和文明进步的一个伟大成果，它回归了信息接收的生物属性，将被空间物理分隔的不同个人或群体，带到了一个共同的场域，使多人、共时、共场、即时的信息传播成为现实。广播电视基于不必借助文字符号等需要复杂"解码"还原的中间介质，可实现场景再现式的"面对面"传播，和满足"眼见为实"的人类最高信息传播追求的独特属性，而成为半个多世纪以来，最接近和符合人类信息接收生物先在性，最受青睐的传播媒介。但传统广播电视仅仅是个开始，进入21世纪，数字技术、通信技术、网络技术和人工智能技术制造出VR、AR、MR等更加逼真、更加即时、更有触感的场景现实（虚拟现实），使广播电视出现"迭代"式进步，进而，将人类传播推进到了由广播电视新媒体主导的全媒体时代。

一、频谱模拟时代的广播电视

20世纪中后期，传统广播电视媒体携模拟技术和无线频谱电子传输技术，以其传输频道资源的垄断性、传播准入的高门槛性、传播速度的即时性、传播内容的生动性站在了信息传播的高岗，并将人类传播的纸质时代推进到大众传播的电子时代。这种大屏幕式的，通过无线频率发射传输，单向顺次传播的电子媒体长期占据了第一传媒位置。半个多世纪以来，模拟广播电视以其权威性、生动性、即时性在媒介传播收听收视率和创收能力两个重要指标上傲视群雄。罗斯福炉边谈话、奥运会、世界杯、总统大选辩论、中国"两会"，乃至有线电视传输时代的伊拉克战争、斯诺登事件、美国"两房"金融泡沫、世界金融危机、汶川地震、福岛核设施地震、乌克兰内战、叙利亚战争、欧洲难民潮、朝鲜核试验等等，人类世界的政治、经济、军事、灾害、体育、娱乐等重大事件因为传统广播电视媒体的报道为民众所知、所晓、所感触，同时，也造就了像BBC、ABC、NBC、CNN、NHK、CCTV、凤凰卫视、半岛电视台等世界知名的广播电视媒体，在它们表现出来的严肃、客观、真实、公正的外表下，隐藏着媒介掌控传播热点设置的绝对权力，这种"议程设置"管束着受众该知道什么、该怎么解读的精英式的大众传播时代，营造出人们不知道这些议题就是无知的假象，并在人们内心种下时刻有可能跌入大众传媒设定的"无知低谷"深渊的内在恐慌，因而，人们不自觉地追随大众传媒，"沉默的螺旋"旋风直到卷走最后一个受众、下一个议程出现为止。在模拟广播电视大众传媒主宰的时代，世界是什么样的？世界该怎么看？我们该怎样做？都由精英代言人——广播电视来告知、来解读、来导引。所以，这个时代堪称广播电视黄金时代。

二、卫星数字时代的广播电视

这一世界图景凝固了半个多世纪，直至20世纪90年代，卫星通信技术和光纤通信技术的突破，广播电视传输渠道垄断（基于频谱资源的有限性）的局面才有所缓解。到21世纪，数字技术日渐成熟并被广泛应用，模拟技术数字化成为广播电视台技术更新改造的重点，数字化是一项更大容量、更强功能、更高效率、更加优质和更为廉价普惠的革新技术，使得传统模拟广播电视制作、存储、传输格局被彻底颠覆，流媒体盛行，并为广播电视音视频信息在不同媒介之间进行跨界传输奠定了坚实的技术基础和丰富的内容储备。卫星电视、有线电视、数字电视、车载电视和手机电视等有别于传统无线模拟传输的新型广播电视媒体不断问世，在普通百姓的家居大厅，人们可以在固定时间，接收到超过原有10倍以上的广播电视内容，专业频道提供的服务远比模拟时代来得贴心；人们可以把来不及收看的电影、电视剧、新闻、娱乐、晚会、球赛等广播影视节目通过数字存储的形式，收藏在笔记本电脑、APPIE（平板电脑）、手机中，在旅途、休闲时不受时间、地点制约，自由地收听收看。在技术革命的浪潮中，各类广播电视新媒体尽情施展，提供更多、更专业的广播电视节目内容，收听率、收视率成了广播电视媒介的生命所在，受众有了更多的收听收视选择，并终于可以像其他行业消费者一样，被奉为"上帝"。频道、频率资源的解放，使广播电视市场供给者数量成倍增长，国内的上星频道（卫视频道，一般是一省一个）、省级地面频道、市级地面频道和县级地面频道展开激烈的受众和广告资源竞争，"渠道为王"让渡给"内容为王"，提升品质、争夺眼球的"注意力资源"和"眼球经济"成为数字时代广播电视媒体竞争的核心，同台竞技的结果造就出数字时代广播电视媒体的不同梯队，央视、湖南卫视、浙江卫视、江苏卫视、上海卫视等长期处于收视率和广告收益的第一梯队，强者恒强，地位不断固化，成为地面频道和其他电视节目制作单位追赶和模仿的对象，处于一种"从未被超越，总是被模仿"的绝对优势，电视江湖从最初的热闹和比学赶超，再度趋于平静，受众手中的遥控器在上百套可供选择的电视频道中，经常锁定在4—5个固定频道，和1—2个栏目或一段时间里的1部电视剧上，所谓大制作的"超级×生""××之约"等舶来品分流了焦点访谈、新闻调查、东方时空等严肃新闻的观众，韩剧、古装剧、穿越剧纷纷登场，广播电视收视市场出现庸俗、单一、乏味的倦怠情绪，追剧成了无聊和庸俗者的代名词。不仅是电视再也引领不了时尚，严肃的知识分子、社会精英和年轻一代还以不看电视为时尚。

三、互联网络时代的广播电视

与有线电视和卫星电视最后的喧闹相反，互联网在经历了最初的泡沫化成长后，逐渐趋于理性。"互联网+"的浪潮悄无声息地席卷了广播电视媒体。21世纪的第一个十年，全国地市以上的广播电视台基本都完成了广播电视技术数字化改造，这一时期，传统广播电视制作播出的广播电视节目都是数字化的音视频节目，同时，多数广播电视台都完成了对磁带库库存模拟广播电视节目储备的数字化。2017年以来，顶层布置下来的数字高清技术改造任务在省级广播电视台和部分城市广播电视台里也已基本完成。但这场投入巨资，一厢情愿式的对抗网络洪流的技术改造并没有为广播电视带来巨大回报。这种基于传统大屏垄断传播理想的改造打造了无数超级豪华的"中央厨房"，但电视传播的店面已从豪华酒店转为简易方便的"路边摊"。当决策者努力要通过一场属于自己的技术改造，誓要为受众提供"满汉全席"式的饕餮盛宴时，自媒体和社交媒体主宰的网络时代的受众已经习惯了"私人订制"的信息消费模式。在卫星数字电视时代赚取的"最后一桶金"被想当然地投入到一场看似高大上的错误技术改造中，在传统电视传播时代大潮退去，网络传播大潮兴起的潮起潮落中尴尬无比。巨大的容量、点对点交互式传播、随意组合时空的场景再造，将人类传播一举推进到网络传播时代。在网络传播时代，广播电视台生产的广播电视节目已经在本质上区别于传统广播电视节目，其所拥有和生产的数字视音频信息可以在传统的有线电视媒体上传输，也可以与互联网实现无缝链接，以多屏形式，在固定和移动多媒体上传输。所以，数字技术改变了传统广播电视的生产、存储，移动通信技术改变了传统广播电视的传输和接收，网络技术重塑了传统广播电视阅读方式和习惯，传统广播电视媒体及其营造的大众传播时代迎来了痛苦的"迭代"时刻，被网络洪流裹挟，相融在网络传播时代大潮里，传统意义上的广播电视已经不复存在。一种全新的广播电视媒介形式——广播电视全媒体已然诞生。广播电视产品竞争也在刚刚告别"渠道为王"，与"内容为王"牵手不足20年的时间里，迎来了一个颠覆传统属性和完整叙事习惯，媒体碎片化、智能化、随性呈现，观众漫不经心、身不由己的摸索调试期，选择性困难既是网络时代传统受众的困难，也是网络时代传统广播电视媒体面临的最大困难。5G、大数据、数据链、人工智能、量子传输、物联网或许就是连接广播电视未来改造发展的最主要方向。

第二节 从"相加"到"相融"

数字技术和网络技术内外夹击，使"融合"成为新世纪初期媒介创新发展的主题。广播电视媒介融合实质是与互联网的融合，并最终以网络音视频信息的形式呈现。"网络视听是互联网与广播影视融合交汇的产物，兼具互联网、传媒、文艺等多重特征，遵循多重规律"。[①]广播电视与互联网融合发展的关键问题是要"融为一体，合而为一"，即从相"加"迈向相"融"，从量变走向质变。

一、广播电视媒介融合"相加"阶段

广播电视媒介融合的第一个阶段是基于数字化的跨媒体合作阶段。这一阶段的关键词是"相加""增容""介入"，就是广播电视生产、存储、

---

①聂辰席. 在第四届中国网络视听大会上的主旨演讲［EB/OL］.（2016–12–08）［2019–12–25］. http: www.sarft.gov.cn.

传输、经营的数字化改造，完成广播电视由传统单一的视音频制作，向融文字、出版、图片、数据、动漫、特效等为一体的数字化、高清化跨界"制式"生产转变的改造提升任务，并为未来以传统广播电视制作单位为主，实现建立互联网模式信息平台化生产奠定技术基础和内容准备。在国内外媒介创新发展的研究中，一度曾因"内容为王"（关门专心做内容，酒香不怕巷子深）还是"渠道为王"（开门执着做平台，资本运作大收购）而争论不休，而今天我们能够观察和感知到的是传统广播电视确实已经在内容生产和数字化传输上做好了与互联网"接入"的准备，并在国家"三网融合""主流媒体进入网络主阵地"政策的倡导下，积极尝试主动接入和参与互联网传播。"目前，中央和省级电视台基本上开办了网络广播电视台"。[①]这种带有传统广播电视"血统"，完成了数字化转型升级的广播电视台具有了成为未来广播电视新媒体的主力军的潜质。然而，传统广播电视台虽然携其强大内容资源、人才和技术优势，有"传统媒体是发展广电全媒体的主体"[②]之势，但还只能说它有这个潜质，得出这个结论为时尚早。因为，伴随互联网一起成长起来的众多中小民营广播电视制作单位，虽然没有"王冠"，少有"贵族"血统，但诞生于互联网，成长于互联网，在生产经营上，更适应互联网环境，因此，传统广播电视与互联网融合成败的真正考验和决战时刻应在第二阶段的"相融"竞争阶段。

二、广播电视媒介融合"相融"阶段

广播电视媒介融合的第二个阶段是基于数字技术、网络技术、通信技术和人工智能技术的多媒体跨界发展。这一阶段的关键词是"转型""升级""相融"，也是广播电视发生质变并向真正的广播电视新媒体转型的飞跃阶段。传统广播电视经过数字化准备阶段，熟悉网络新媒体音视频信

---

①聂辰席. 在第四届中国网络视听大会上的主旨演讲［EB/OL］．（2016–12–08）［2019–12–25］. http://www.sarft.gov.cn.

②林勇毅，吴生华. 广播电视：应对全媒体发展与监管的策略探析［EB/OL］．（2010–06–10）［2019–11–26］.视听纵横.

息生产方式，习惯网络化生存，实现由传统广播电视向广播电视新媒体的化蛹成蝶式的蜕变。这种"相融"已不仅仅是简单的"相加"和尝试性的"介入"，而是一种顺应新生产技术和传播技术革命，在运营理念、生产方式、管理方式、运营方式、发展方式的全面"接入"，无论是那些带有传统广播电视"血统"的广播电视台，还是那些已然做大的民营网络视音频内容生产和运营企业，都已感觉到，未来能够被"听众""观众""网民"接受和选择的广播电视只有一种，那就是着眼于数字化、网络化、高清化、智能化的网络视听信息生产的广播电视全媒体。

在媒介融合和广播电视全媒体创新发展的实践层面，这种融合后的广播电视全媒体已经成为最重要的信息传播媒介，变化是在此消彼长的过程中完成的。2016年，部分传统广播电视媒体已经到了依靠财政补贴生存的地步。"廊坊市委常委会专题学习省委办公厅省、政府办公厅下发的《关于加强对各级新闻媒体财政支持的通知》，研究部署落实措施。会议决定，在精准测算的基础上，2017年在全省率先实现对各级新闻媒体的财政支持全覆盖，切实做好对各级新闻媒体的财政保障，推动新闻单位加快改革发展"。[1]全国相当一部分省份市县一级广播电视台的生存难以为继，2016年12月，山东省已经将部分地市广播电视台运营开支列入财政。与此形成鲜明对照的是广播电视新媒体整体市场的红红火火，"根据中国互联网络信息中心（CNNIC）统计，截至2016年6月底，我国网络视频用户规模达到5.14亿，占网民总数的70%以上，互联网消费流量的70%来自网络视频。在娱乐类网络业务中，网络视频用户数量已经超过网络文学、网络音乐、网络游戏，居于首位。2015年，全国备案上线的网络剧达805部、12000多集，比2014年增长了7倍多；截至2016年11月底，全国备案上线的网络剧已经达到4430部16938集，微电影（网络电影）4672部，网络动画片183部，网络纪录片148部，网络栏目1515档，继续保持强劲发展势头。2015年网络视听产业营业收入规模达到531.5亿元，比2014年增长36.8%；2016年前8个月，网络视听广告收入比2015年全年增长41%"。更重要的是"民营企

---

① 解丽达. 廊坊市加大对主流媒体财政支持力度［N］. 河北日报，2016-12-09（2）.

业和社会资本成为网络剧、微电影等网络视听节目的创作生产主体"。①仅
2016年第三季度，"网络剧总播放量超过300亿次，同比增长182%，爱奇
艺播放的《老九门》成为首部独网播放量破百亿的自制剧，对会员的拉动
量相当于两部《太阳的后裔》，影视剧'向网而生'成趋势"。②但在与互
联网融合，转战新媒体方面竞争中，多数传统广播电视台表现出极度的不
适。传统广播电视台核心竞争优势的新闻报道在网络洪流中的表现也不尽
如人意。在移动新闻客户端方面，"截至2015年12月31日，主流传统媒体
的新闻客户端数量已达到231个，但其份额仅占整个网络移动新闻客户端的
6.5%，腾讯、网易、搜狐等门户类客户端占据了54.3%，今日头条等聚合型
新闻客户端占39.1%，其中，央视新闻客户端占6.5%中的13.5%，占总体份
额不足1%"。③

第三节　广播电视全媒体的本体认识

电视最朴素的含义是用电子技术传递视觉信号的接收装置。百度百科
词条做如是解释，"电视（Television、TV、Video）指利用电子技术及设备
传送活动的图像画面和音频信号，即电视接收机，也是重要的广播和视频
通信工具，电视机最早于1925年由英国工程师约翰·洛吉·贝尔德发明。
电视用电子技术即时传送活动的视觉图像。同电影相似，电视利用人眼的
视觉残留效应显现一帧帧渐变的静止图像，形成视觉上的活动图像。电视
系统发送端把景物的各个微细部分按亮度和色度转换为电子信号后，顺序
传送。在接收端按相应几何位置显现各微细部分的亮度和色度来重现整幅
原始图像。"因此，电视本体就是指将发送端可视物体信号在接收端重现

①迟海.聂辰席在2016年12月8日成都举办的"第四届中国网络视听大会"上讲话［EB/OL］.
（2016–12–11）［2020–11–26］.中国长春文化潮.
②吉蕾蕾.影视剧产业"向网而生"渐成趋势［EB/OL］.（2016–11–20）［2019–12–20］.
中国经济网.
③张健，吉惠娴."围城"里的出走——"离职潮"与中央电视台品牌危机分析［J］.南方
电视学刊，2016（2）：74.

的技术设备。无论技术再怎样发展变化，不过都是在更加努力地、逼真地、完整地完成这种重现。网络传播和媒介融合时代，一切流动在网络终端设备上视听重现，都是人类努力再造视听再现的电视技术更新，都是本书要研究的对象——广播电视全媒体。

一、广播电视全媒体概念

广播电视因声音和声音图像信号兼具即时传播而得名，在互联网带来的媒介融合浪潮下，传统广播电视被数字化洗礼后，出现了内在的质的不同，但其表征和介质仍然是视听。业界将这种似乎没有改变，却又有着本质区别的"新广播电视"媒体称之为"广播电视融媒体""广播电视新媒体"，等等。"广播电视融媒体"概念更多描述的是在媒介融合时代，广播电视在转型升级中的外在特征和过程；"广播电视新媒体"概念突出的是媒介融合时代，各种网络视音频信息所表现出的崭新形式。两者都没有准确概括出新媒体所具有的新的、质的不同，作者认为将这种"线上""线下"广为传播的新广播电视（视音频信息）称之为"广播电视全媒体"更加确切，这个概念概括了新媒体所具有的网上网下贯穿，纸媒、电子媒体和网络媒体通用，体现全息、全程、全效果的特质，并很好地概括了当下包括广播电视媒体在内的所有传媒在转型升级中的目标和结果。

1967年，美国哥伦比亚广播电视网技术研究所所长P.戈尔德·马克在一份《电子录像商品开发计划》里首次使用了"新媒介"概念，"在近50年的时间里，有线电视、数字电视、卫星电视、IP电视、手机电视以及QQ、微博、微信等社交媒体使冠以'新媒介'概念的名册不断增容"。[①]业界和学界都曾努力对这种"新媒介"做概念界定：如周建亮认为电视融媒体是传统电视的自我求变和主动应对，"电视融媒体是以电视媒体为主导、基

---

①方玲玲，韦文杰. 新媒体与社会变迁［M］. 上海：复旦大学出版社，2014（9）：2.

于现代互联网技术和通信技术进行不同媒体形态融合的新型媒体样式"；①
石学峰认为，广播电视新媒体是双向传输的新形式，"通过互联网、有线
电视网、无线宽带网等网络，利用数字技术、流媒体技术、P2P等新技术，
实现双向传播音频和视频等信息的媒体形式就是广播电视新媒体"；②黄炜
则更强调广播电视新媒体应保持的传统广播电视大众传媒功能属性，带有
明显传统广播电视"血统"的媒体，认为"广播电视新媒体是以数字技术
为基础的、具有大众传播特点的、有一定权威性的新的传播媒体"，③它的
构成是"广播电视+新媒体技术形式"，也就是数字化、网络化技术下的新
兴广播电视；吴信训认为"新媒介是以全新的技术实现既往未有的传播功
能，或对既存媒介在传统技术与功能上实现了某种质的超越的媒介"。④国
际组织和产业界也从广播电视新媒体生产实践层面对其予以界定，世界知
识产权组织（WIPO）对网络广播，亦称"网播"，进行的定义如下："网
播"是以有线或无线的方式，通过计算机网络，使公众能基本同时得到所
播送的声音，或图像，或图像和声音，或图像和声音表现物。此种播送如
果加密，只要网播组织或经其同意向公众提供解密的手段，即应被视为
"网播"。⑤

　　我们这里研究的"广播电视全媒体"，是指以数字技术进行抓取、制
作、保存，通过卫星、宽带和移动通信技术进行跨媒介视音频信号传递、
接收，具有一定黏性、交互性和智能性，并被广泛接收和再次（乃至多
次）传播的信息载体。严格意义上讲，自模拟技术被数字技术取代后，现
存的一切数字视音频信号传播载体（媒介）都是潜在的广播电视全媒体；
一切基于数字技术，致力于传统广播电视或互联网络视音频信息制作传输
业务的企业都是广播电视全媒体企业；一切可以在有线电视、卫星电视、IP
电视、手机电视、车载电视、楼宇电视上展示，也可以在门户网站、社交

---

①周建亮. 广东电视融媒体发展研究 [D]. 武汉：武汉大学博士论文库，2013.
②石学峰. 试述广播电视新媒体的特征及社会影响 [J]. 网络财富，2009（7）：148.
③黄炜. 广播电视新媒体的发展及对策 [J]. 中国广播电视学刊，2007（1）：33.
④方玲玲，韦文杰. 新媒体与社会变迁 [M]. 上海：复旦大学出版社，2014（9）：2.
⑤赵双阁，艾岚. 网络广播法律保护研究 [J]. 武汉大学学报（哲学社会科学版），2014
（7）：80.

媒体（QQ、微博、微信、抖音、快手等）、网络信息平台（哔哩哔哩、今日头条等）、网络直播室传播的视音频信息，都是广播电视全媒体信息。在传统广播电视掀起的"占领大厅大屏"自救运动的同时，"跨界""跨媒体""多屏并存"的广播电视全媒体竞争正在以更为激烈的形式进行着。"电视产业链条上的各个主体，从内容生产商、平台运营商、网络运营商到终端设备厂商等，都积极开展基于传统的电视机、IPTV、电脑、IPAD、手机等多个接收终端的多屏视听业务发展"。[①]

二、广播电视全媒体的类型

媒介的内涵外延要比媒体的内涵外延大，二者既有一定联系，也有一定差异。媒介更偏重于传播介质和载体属性，因此，一切可承载信息的载体都可称为信息媒介；媒体偏重于采集、制作、传播信息的组织或单位，如传统的杂志社、报社、电台、电视台、网站、传媒公司等等，媒体一般都有稳定且在一定范围内被广泛接受的媒介平台。从媒介角度划分，现有网络信息媒介可大致分为四类：内容型——今日头条、哔哩哔哩、腾讯新闻、搜狐、知乎、豆瓣、果壳、网易、乐视、优酷、爱奇艺等；应用型——滴滴、谷歌、百度、亚马逊、携程、同花顺、58同城、天猫、淘宝、京东等；社交型——微博、微信、QQ、推特、百度贴吧、珍爱、百合、抖音、快手等；设备型——收音机、电视机、手机、电脑、车载广播、车载电视、智能机器人、VR等。这些媒介都可以是广播电视新媒体音视频信息的载体，都是本书规制管理研究的对象。

为研究方便，笔者依据线上线下和是否带有传统广播电视台"血统"，将广播电视全媒体做如下两种分类：

（1）依据是否在互联网上传播，将广播电视全媒体分为"线上"广播电视全媒体和"线下"广播电视全媒体两类：

---

①周小普，韩瑞娜，凌妹. 多屏发展背景下网络收视度的影响因素研究——以热播电视剧为例［J］. 国际新闻界，2014（12）：115.

第一，"线上"广播电视全媒体。如爱奇艺、优酷、腾讯、搜狐、凤凰网、豆瓣、网易、乐视、土豆等大型视频网站；QQ、微博、微信、抖音、快手、推特等社交媒体里传播的视音频信息；滴滴、百度、搜狗、同花顺、天猫、淘宝、京东等服务端上的视音频服务信息；网络直播室、网络微电影、网络微视频等视音频节目；以传输传统广播电视节目为主的手机电视、IP电视等等。

第二，"线下"广播电视全媒体。如传统调频广播、车载广播、有线电视、数字电视、卫星电视、手持电视、车载电视、楼宇电视、广场大屏幕、多媒体播放器等。

（2）依据是否带有广播电视台"血统"，可将广播电视全媒体分为传统型广播电视全媒体和创新型广播电视全媒体两类：

第一，传统型广播电视全媒体。由传统广播电视台转型、升级、融合而来的媒体：如广播电视台的网络版、广播电视台数字化制作生产的广播电视节目、广播电视台自身的官方网站、网络广播电视台（芒果TV）、有线电视网络传输的音视频信息点播服务、卫星传输的音视频信息服务、广播电视台出资控股或以自身资源作价或主导主持成立的网络音视频媒体制作公司等等。

第二，创新型广播电视全媒体。除传统广播电视台外的企业、机构和个人创办广播电视视音频信息生产公司所开展的一切数字视音频制作生产和传输经营活动都属此列。

两种分类既有区别，又有交叉，如广播电视台网络版既属于传统型广播电视全媒体，又属于线上广播电视全媒体；同时出售给传统广播电视台和商业信息平台的微视频作品既属于传统广播电视全媒体，又属于线上广播电视全媒体，等等，只是为了媒介规制管理研究的方便和具体规制对象内容的划分技术来加以分类。但这种分类办法和最终分类，基本上涵盖了数字技术、网络技术、现代通信技术产生后所制作生产的一切视音频信息，起到了为我们理解和思考广播电视新媒体概念，分析广播电视新媒体特征，研究广播电视新媒体功能，观察广播电视新媒体创新发展存在的问题和思考广播电视全媒体法治管理路径，理清脉络和思路的作用。

三、广播电视全媒体的特征

无论是线上还是线下，无论是传统型还是创新型广播电视全媒体，这种以数字技术进行抓取、制作、保存，通过卫星、宽带和移动通信技术进行跨媒介"线上""线下"视音频信息传递，具有一定智能性、交互性和共享性，并在一定范围内被广泛接收接受的视音频信息媒体都有着不同以往其他媒体的属性，具体表现在以下六个方面：

（一）传播主体的多样性

除传统电台、电视台节目制作部门和获得广播电视节目制作经营许可的传媒公司外，广播电视全媒体信息采集制作主体名单上，还增加了同为新闻传播行业内的报纸、期刊，行业外的各级政府机构、组织、社会团体和8.88亿个人视音频用户（2020年数据）。从而使参与广播电视全媒体视音频内容制作的传播主体范围更广、诉求更多、身份更加复杂。

（二）传播内容的海量性

按照谷歌董事长施密特的统计，以人类今天每分钟创造5艾（1艾相当于50亿部1G电影）字节的信息制造量的速度计算（其中，视音频信息占绝对比重），人类每天生产的视音频信息总量已经十分可观。除不断巩固和提升新闻、影视剧、广播剧、娱乐、体育、经济、天气预报、健康养生等传统广播电视节目内容外，广播电视全媒体信息不断向交际、服务、政务、商业、休闲、便民等内容延展，信息传播不再只是以单纯的宣传效果为目标，而是以有用、有效、有商业价值为标准。广播电视全媒体时代的视音频信息的时效性、独播、首播、专业化这些传统"线下"大众传播价值仍然有效，但已退居其次，个性、关怀、被需要、被记起、被关注、稳定而"黏着"的用户关系维护才是关键。

（三）传播信息的再生性

"随意抓取、广泛链接、追求关注、创新再造、再次传播"是广播电视全媒体信息与传统广播电视信息的最大不同。传统广播电视报道选题、内容由总编辑、编辑、制片人和社会精英设定并实施，单向传播和"意见领袖"审定的信息不可更改；广播电视全媒体信息选题则是由社交媒体的热点话题来决定，选题和报道走向往往由网民的喜好决定。用户根据自己的价值偏好、社会认知选择所要接收的信息内容，并把这些内容分享在微信群、QQ群等个人社交媒体上，这些相对封闭的信息空间聚集了更多的有相近价值观、信仰、爱好的群体，大家对所支持的信息做进一步的分享，并进行评论和加工，进一步巩固群体意见，并在朋友圈、微博等个人媒体上再次传播，影响更多的人。经过这一过程，最初客观真实的信息已经严重"变形"，真实性也因此退居其次。

（四）传播形式的新颖性

多屏、24小时在线、固定接收和移动接收并行是广播电视全媒体信息传输方式的最大特点。卡斯特说，网络空间里的时间和空间是"非时间性的时间"和"流动的空间"，①现实生活里顺次线性排列的时间和地理实在空间，在网络时空里可以被组织，被随意安排，并能够被储存、买卖、投资。网络传播的这种特性使得斗转星移、时空转换的信息服务变成现实。更为重要的是，信息留痕，产生大数据，大数据被分析和梳理后，传播效果和受众需求随即有了结论，投其所好、贴心服务成为可能。

（五）传播受众的主动性

广播电视全媒体时代的传播者与接收者之间的区别已经模糊，固有的单向传播渠道垄断被打破，接收者同时也具有传播者的配备和能力（双向对等、点对多、多对点传输在技术层面上已经不是问题），信息接收者的主动性被空前释放。信息的海量性、接收方式的灵活性的信息传播自主权也得到空前扩大。广播电视全媒体信息会在网络这个"观点的公开市场"上得到检验，然后，网民根据实际体验做出选择。这样，传播对象就有了更多的选择性和话语表达的权利，不再做以往那样的"沙发上的土豆"，逆来顺受，或被动重复地做着有限的选择。

---

①何睿. 网络社会下的空间与时间新类型——曼纽尔·卡斯特空间时间观点述评［J］. 新闻世界，2014（12）：98.

（六）传播效果的易逝性

广播电视全媒体信息的海量增长，既为网民丰富多样的信息服务需求提供了可能，同时，由于过渡时期"把关人"的缺位、错位和越位情况仍然在动荡中没有解决，碎片化传播造成新媒体平台上的信息鱼龙混杂，真假难辨，从而，也稀释了原有信息价值的密度。同时，广播电视全媒体信息更替过快，受众不必认真的信息接收心理普遍存在，信息在选择性困难网民面前多数被过滤掉，传播效果或淹没于信息海洋，或一闪而过。所以，传播者费尽心思推送的广播电视音视频信息即使取得短暂关注，但很快也会被信息大潮淹没，望洋兴叹是全媒体时代传播者的共同苦恼。

四、广播电视全媒体生产运营中的规制问题

媒介融合时代下的广播电视传播市场基础和性质已经发生了根本改变。传统广播电视行业因传输无线频谱资源的稀缺性、内容制作的"喉舌"属性以及设备投入资金巨大，形成了一个"高壁垒""高门槛"的自然垄断传播市场，其规制管理也是相对封闭的"竖井式"管理模式。广播电视生产机构是一个兼具公益事业和产业经营"双重属性"的特殊部门。因此，对它的管理更多是以行业内部自治为主，外加党委、政府、有关部门外部指导、监督和行政干预等手段。这也是我国广播电视规制管理缺乏法治精神，至今没有一部全国通行的行业法律的根本原因。

网络时代，世界各国广播电视全媒体的竞争首先是全媒体规制思想、理念、制度、方法的竞争。特别是我国当前广播电视全媒体的新业务行业法律规制空白，行业交叉政策不统一，信息传播政策解读不协调等问题十分严峻。对于一个新兴市场，如果市场参与者维权周期过长，尺度不一，地方保护主义或部门保护主义盛行，赔偿额度低，维权成本高，甚至根本无法维权，缺乏强有力的规制保护，管理的转化机制就不能很好地建立起来，行业创新的原动力就会受到破坏。因此，推进我国广播电视媒体转型融合，加快主流媒体进军网络主阵地，确保广播电视全媒体健康发展的最根本的问题是广播电视全媒体自身规制制度改革创新的问题。广播电视全

媒体里面的规制主体、规制对象、规制原则、规制边界和规制办法是改革的核心内容。基于此，我们必须在找到这些问题的症结和表象的同时，进行深入分析和研究。作者认为这些规制问题至少在广播电视全媒体信息生成、传输、接收、市场运营、职业道德和责任担当六个方面有所体现。

（一）广播电视全媒体信息生成方面涉及的规制问题

广播电视全媒体信息生成规制问题主要是市场准入的问题。2010年国办印发《三网融合试点推广方案》，2015年8月25日，国办印发《三网融合推广方案》将试点推向全国，两个国家层面的政策实施，积极鼓励传统广播电视主动融入互联网、全面转型升级、深入参与广播电视新媒体生产。但在广播电视全媒体节目制作、发行、传播管控的实际操作层面，还是执行了十分严格的"广播电视制作经营"许可制度。在广播电视全媒体市场准入方面，还缺少像美国《1996年电信法》，欧盟《1997年融合与规制绿皮书》，以及日本、韩国等发达经济体关于新媒体发展的国家统一的法律规定和全面战略设计。现有的规制政策距离真正降低市场准入门槛，打破行业壁垒和人为限制，鼓励竞争、鼓励投资、鼓励创新和促进发展，并在世界市场上，打造国家传播核心竞争力和掌握战略主动性的广播电视新媒体发展长远目标方面还存有巨大差距。在具体内容管理上，我们还缺少科学的信息分类管理办法，线上最主要信息——新闻信息生产方面（截至2020年6月，网络新闻用户规模为7.25亿，占网民整体的77.1%。），还没有一部真正的法律。对于以新闻立身的广播电视新媒体（牛津路透社2015数字新闻报告：电视仍是最主要新闻来源[①]），如何发挥传统优势，做好转型并与新媒体融合至关重要。

（二）广播电视全媒体信息传输方面涉及的规制问题

防止垄断，确保市场适度竞争，鼓励中小企业与新企业投资和进入，激发中小企业和市场活力是世界各国在规制制定方面的首要任务。从现实的效果看，"三网融合"更像是一项大家长式的一厢情愿、不对等的顶层

---

① 王侠. 牛津路透社2015数字新闻报告：电视仍是最主要新闻来源［EB/OL］.
（2015-09-16）［2019-10-10］. 新闻记者.

设计。"三网融合"政策从试点到全面铺开，至今已有10年时间，但从实际情况来看，国内网络传输市场还是旧有的封闭、高度垄断的局面，电信、联通、移动三大运营商2014年营业收入为1.3万亿元，而当年全国广电网络加在一起营业收入仅为822亿元。像广播电视这样的老牌传媒进行全国性新媒体平台搭建尚需向三大垄断运营商租赁，三网融合和互相进入在不打破传输网络垄断的前提下，很难实现平等竞争。同时，线上和创新型广播电视全媒体信息"把关人"过度依靠商业平台"自治"，而线下和传统型广播电视新闻媒体信息生产"多头"管理的实际，造成同一市场上的信息产品管理要求、标准不统一。新闻记者证和采访许可证对新华网、各地方卫视台网等官办媒体背景的主流媒体开放，对腾讯、搜狐、网易等民营门户网站关闭。总之，对广播电视台、商业网站、APP平台和微博、微信、抖音、快手、QQ等不同信息媒介的管理原则、标准和尺度方面，都明显表现出鼓励"三网融合"、做大传媒产业的政策初衷与实际操作"竖井式""壁垒式"管理之间的矛盾。

（三）广播电视全媒体信息接收方面涉及的规制问题

光纤入户"最后一公里"的问题严重。电信运营垄断局面，以及不断做大的房地产开发商、小区物业名目繁多的"入场费、协调费、分摊费"将优质企业挡在居民住宅小区之外，成为"宽带中国""智慧城市"战略难以推进的"拦路虎"。《电信条例》规定的"电信用户有权自主选择使用依法开办的各类电信业务"的权利被不同垄断企业和利益集团野蛮地阻挡在距离用户住宅"最后一公里"处。在这里，集中反映出了推进"三网融合"、加快同城"一张网"难以推进的现实矛盾。国家的政策落实和市民新居一根线接入的美好愿望，都要看电信运营商、有线电视网、房地产开发商、物业管理企业之间的利益博弈，如果一家优势明显，用户还可只看一家脸色，减少奔波之苦，如果几家势力均衡，互不相让，在用户新居的墙上多打几个眼的事儿也是经常有的，最终，受伤的是用户。

（四）广播电视全媒体市场运营方面涉及的规制问题

广播电视全媒体市场运营方面的规制最核心的就是要解决好国内发展和国际竞争两个突出问题。这两个问题互为前提，紧密联系，不可分割。在国内，当前要解决好的是不同广播电视全媒体产业部门的交叉进入和公平竞争的问题，真正打破行业、部门和地域之间的壁垒，在市场准入、网络开放、技术标准、资源保护、用户权益、公共安全、国家安全和公共利益维护等方面做出清晰规定，为打造世界级的国字号广播电视新媒体集团做好法律和制度准备；在国际竞争方面，要顺应全球化、一体化趋势，尊重互联网产业发展规律，扶持和鼓励有条件的广播电视全媒体企业、集团走出国门，积极参与国际竞争，培养出更多华为、抖音、微信式的广播电视新媒体跨国企业、跨国集团。

（五）广播电视全媒体职业道德方面涉及的规制问题

这里主要是指全媒体以及全媒体企业之间的知识产权、著作权、信息共享以及信息扩散等方面的管理问题。在这里，规制层面面临的主要问题是两种倾向带来的管理问题：一是广播电视全媒体信息过多地迎合利益集团的口味和商业利益，在价值观和内容选择上对利益集团投怀送抱，弱化和牺牲了普通人和弱势群体的话语权。规制在保护言论自由，效率优先的同时，更应注意填平数字鸿沟，维护市场公平的问题。二是打击广播电视全媒体信息侵权违法行为的力度不够。为争夺网民和潜在客户，吸引眼球，各种信息井喷式地出现在广播电视新媒体信息平台上，在作者不知情的情况下，转载、盗用别人著作的情况极其严重。甚至直接发布虚假信息、黄色信息和违法信息，严重破坏了舆论环境，侵犯了公众利益。

（六）广播电视全媒体责任担当方面涉及的规制问题

广播电视全媒体是一种新生事物，相关企业是经济转型升级中产生的全新企业形式，对其业务的开展、产品的提供、运营规律的把握、社会责任的承担等方面都还处于摸索阶段。但新媒体力量强大，其经济实力、市场份额、社会影响日渐增大。规制对其所应肩负社会责任的导引和规范还远远不够。按照保罗·萨缪尔森的理论，纯粹的"公共产品是指消费上具有非竞争性和非排他性的产品"，广播电视产品应属准公共产品。因此，广播电视入网或者"互联网+广播电视"对广播电视行业的最大改变和突破就是改变排他性的禁锢，还原其竞争性和非排他性的市场属性。因此，对广播电视全媒体责任担当方面的规制既要强调固有的公益公共责任的担当，也要强调市场契约精神的坚守。

第四节　我国广播电视事业发展历程

中国广播电视事业产业实践和规制理论研究起步较晚，但进步很快。特别是十一届三中全会以后，中国广播电视事业产业大繁荣、大发展，在节目覆盖、节目内容生产、广告收益等方面都取得与本国经济发展相适应的水平，近几年来，在入网率、网络音视频使用率和5G研发推广覆盖等方面后来居上，走在世界前列。与广播电视事业产业发展实践相适应的广播电视理论研究也取得一定进步，这些研究主要在三个方面取得了扎实进展：一是坚持了历史分析的方法，对国内广播电视事业产业管理做了历史性的回顾和反思；二是借鉴了西方广播电视规制成果，批判吸纳西方规制理论成果和有益经验；三是兼具时代使命和世界眼光，思考和谋划我国广播电视新媒体未来发展。

一、中国广播电视事业发展历程回顾

现代广播媒体的发明创造始于西方，20世纪20年代，在列强侵华、军阀混战的我国上空第一次出现了外国人发射的广播信号，在随后的3年里，我国民族广播事业诞生，中国社会广播管理历程随即开启。

（一）广播事业的发展

中国广播事业起步于1923年，中国土地上出现的第一座广播电台是一家美国公司创办的。1926年，开始有了中国人自己创办的广播电台。到1928年，中国人有了真正意义上的自己的广播事业。1940年，党的新闻事业从延安新华广播电台开始。开播初期，播出时间为每天上、下午各一次，每次一小时左右，播出的内容主要是中共中央文件、《新中华报》社论、《解放》周刊等重要文件、社论和国内外新闻，偶尔也播放一些抗日进步歌曲和文艺节目。"新中国成立后，经过对旧广播事业的改造，广播事业完全由国家经营，1950年全国共有广播电台65座，1960年增加到135座；1987年增加到386座，收音机拥有量2.6亿台，广播人口覆盖率达到68%"。①我国民族广播事业诞生初期（1926—1949），经历了大革命、抗日战争、国内革命战争等重大历史事件，广播媒体成为政治政策宣传和舆论斗争的工具。

中国的电视事业要晚于广播事业30年，于1958年开始。

（二）电视事业的发展

我国电视事业开始于中华人民共和国成立后的第二个五年计划建设中期，恰逢我国社会主义改造完成和"一五"计划、"二五"计划顺利实施，在国内政治经济文化发展一派欣欣向荣景象中产生。我国电视事业开始于"新中国、新世界、新希望""远离战争，珍惜和平""赶英超美，建设美好家园"的美好时刻，随即经历"大跃进""三年自然灾害""文化大革命"等重大挫折，再迎来拨乱反正、改革开放的新时代。

总体来看，我国的电视事业自诞生至今走过了60余年的时间，按照前中后三个20年划分，大致可分为萌芽期、发展期和转型期：

第一，萌芽期（1958—1978），标志性事件是中国第一台电视机出厂、第一家电视台成立和第一批地方电视台筹建。这一时期，因电视不够普及，影响较小，从管理层对媒体认知的角度看，还更多地将其视为面向小众的现代通信工具和简易的信息发布工具。1958年3月17日，天津712厂生产出中国第一台黑白电视机。1958年5月1日，中国第一家电视台——北京电视台试验播出，标志着中国电视事业正式诞生。当时的北京电视台（1978年5月1日更名为中央电视台）节目每周播出四次，北京全市能收到节目的电视机仅有几十台。此后，各地积极筹建地方电视台，但随着"三年自然灾害""十年文革"开始，正常的社会生产生活受到干扰，受经济、技术条件所限，多数地区都经历了10年左右的停摆和等待，到20世纪70年代初才大范围启动电视台（站）建设和试播。这一时期，中国仍然执行严格的计划经济和集体主义政策，农村实行的是生产合作组（生产队），城市实行

---

① 方汉奇. 中国新闻传播事业一百年［J］. 国际新闻界，2000（6）：7.

的是集体工厂，个人和家庭收入水平与配给制、凭票供应的现实，没有为电视大量进入家庭提供客观条件。因此，1978年以前，电视机并没有广泛走进我国普通家庭，只有少数单位和特殊群体才能接触到，电视事业发展较为缓慢。经过20年的积累，到1978年，"全国电视台有32座，社会电视机拥有量300万台"。①

我国生产的第一台黑白电视机

第二，发展期（1978—1997），标志性事件是两个重要会议的召开，即1978年12月十一届三中全会和1983年第十一次全国广播电视会议的召开。前者宣告中国正式结束"文化大革命"，进入以经济建设为中心的改革开放全新时期；后者堪称是广播电视领域里的"十一届三中全会"，这次会议承认了新闻媒体的产业属性，在行政管理机构、事业发展方针和行业发展规划等方面，都提出了奠基性的政策主张。会议明确了广电行政机构设置、理顺了中央与地方管理机构关系、确定了广播电视机构的性质和任务等问题；提出"四级办广播、四级办电视、四级混合覆盖"的广播电视事业建设方针；重申中国广播电视事业的"双重领导"体制。奠定了我国广播电视事业未来发展的框架、路径和方向，是中国广播电视史上具有里程碑意义的一次会议。会议结束之后，全国迎来了广播电视事业第一次大发展、大繁荣时期，除省级广播电视台发展得到强化，市、县一级广播电视台开始筹建，并迎来建设高潮。地方政府对广播电视投入积极性和力度都进一步加大，政策、资金、人力投入在广播电视台（站）建设、节目

---

①魏德勇. 中国造出第一台黑白电视机［EB/OL］.（2016-03-17）［2019-10-13］. 科普中国—科技创新里程碑.

建设、广告经营和有线电视建设中得到深入落实，为未来我国广播电视事业发展奠定坚实基础。"到1997年，全国已有电视台932座，社会电视机拥有量32000万台，电视覆盖率达到总人口的87.6%。1999年，经过整合，电视台集中为368座（另中短波发射台和转播台740座），全国电视覆盖率达到了总人口的91.95%，电视观众接近11亿人，其中，有线电视观众为8000万人（作者注：见1999年9月16日《中华新闻报》及2000年9月28日《新闻出版报》）。后面这两个数字，均属世界第一。仅仅20年的时间，电视台就增加了12倍，电视机的拥有量增加了107倍，电视的人口覆盖率增加了近10倍，这样的速度在全世界也是十分罕见的"。[1]这一时期我国广播电视管理以行政管理为主，但其中的一个重大进步是承认了广播电视的产业属性，允许广播电视台经营广告，补充事业发展。同时，地方党委政府对属地广播电视机构进行直接领导，地方广播电视局在人事、财务、税收、经营等方面做具体指导。

第三，转型期（1997—2020），标志性事件是1997年《广播电视管理条例》的颁布，广播电视管理手段由单一的行政干预为主向行政干预与政府规章相结合转变。2000年有线电视无线电视合并、广播电视集团化改革，广播电视管理机制由事业单位企业化管理向偏重于市场化转型；随后，广播电视市场竞争和行业大战拉开序幕，卫星电视大爆发，上星台全国落地，全面挤压市地电视地面频道生产经营。2014年"媒介融合元年"，互联网全面进入整个传统媒体，网络媒体在与报纸、广播、电视竞争中，完胜趋势已定，"互联网+""三网融合"的总体趋势促使广播电视台与互联网融合成为必须的选项，广播电视发展方向由传统大众传媒向广播电视新媒体转型。据国家广电总局发布的最新广播电视机构及频道频率名录显示：截至2020年10月，全国共有408家地市以上广播电视播出机构，2106家县级广播电视播出机构。

十一届三中全会后，国内广播电视大发展使管理层日益感到规制管理的重要性，并采取措施予以积极应对。1986年4月，广电部发布《关于立法

---

①方汉奇. 中国新闻传播事业一百年［J］. 国际新闻界，2000（6）：7.

工作的若干规定（试行）》，1994年8月，国务院颁布了《音像制品管理条例》并一直努力出台中国的《新闻法》。这些广播电视立法和行政管理的探索到1997年小有所成，这年9月1日起施行了《广播电视管理条例》（国务院第61次常务会议通过），这部至今尚在运行的广播电视规章把中国广播电视法治管理推向一个高度。此后，伴随互联网和网络音视频信息的快速发展，每4年左右，各信息传播管理职能业务交叉部委（网信办、广电局、文化部、新闻出版署）都有一部影响较大的广播电视管理规章出台，在2016年更是创纪录地在一年里出台了7部关于广播电视新媒体的规章制度。在广播电视管理机制改革探索上，2000年以来，继报业集团改革之后，广播电视集团化改革迎来各地挂牌热潮。成立广播电视集团的初衷是承认广播电视媒体市场属性，组建现代广播电视企业和超大型广播电视集团，参与国际传媒业竞争，做好"入世"准备。但这次改革步伐随国际形势变化和新媒体快速发展，在有线电视网络行政整合，网络媒体大爆发，舆论宣传调控加强背景下被放缓。这次自上而下的集团化改革除了给各级广播电视披上"集团"的华丽外衣外，并没有真正面对和解决曾经的"王者"广播电视（有线电视、卫星电视将其推至极致）在互联网冲击下退出"第一传媒"的现实；没有很好地弥合行政划拨式的有线电视网络整合（广播电视最优良的资产），对地市以下地方党委政府利益的保护和建设热情的伤害；没有尊重广播电视媒体市场属性，而是将其重新推回计划主导，行政划拨的老路；没有上演"王者归来"的故事，但却将人力物力和宝贵的时间消耗在脱离实际的空耗中；广播电视改革没有在沉默中爆发。管理机制转型在没有激发出新的热情时，却已浇灭原来的支撑，困难是结构性的，也是压倒性的。2014年也被称为"媒介融合元年"，国家鼓励广播电视传统媒体与互联网融合，在"互联网+"中，实现"广播电视+"，但市场自主下的"广播电视转型""从相加走向相融""打造广播电视全媒体"的目标任重而道远。

二、中国广播电视媒介属性认识

自从党的新闻事业诞生以来，新闻宣传工作一直是党的工作的重要组成部分，新闻媒体被视为党对群众舆论宣传的有力武器。在我国电视事业诞生前后，1957年6月，毛泽东主席根据当时新闻界的状况，指出新闻舆论宣传必须坚持正确的政治方向，一定要从政治上总揽全局，紧密结合政治形势；1959年6月，毛泽东在与拟任《人民日报》总编辑、新华社社长吴冷西谈话时，再次强调了"搞新闻工作，要政治家办报"思想的重要性。60年前，毛泽东主席提出和阐述的"政治家办报"的思想，一直坚持至今。党的十八大以来，随着中国特色社会主义理论的不断完善和成熟，国家对宣传思想文化阵线更加重视，2016年2月19日，习近平同志到人民日报社、新华社、中央电视台考察时，对坚持"政治家办报"提出了新的内涵和时代要求，简言之，就是要坚持马克思主义新闻观，在思想上、政治上、行动上与党中央保持高度一致，忠实宣传党的理论和路线方针政策，严格遵守党的政治纪律、宣传纪律和长期形成的规矩，在大是大非面前具有政治定力，使党的新闻舆论工作勇立时代潮头、展现时代新貌，不负党和人民的重托。"政治家办报"的思想，已经成为指导我国新闻工作和新闻事业发展的根本原则。因此，政治属性还是我国广播电视媒介的第一属性，在2018—2019年进行的国家新一轮党委政府机构改革中，地市级（含地市）以下的新闻出版、电影管理职能直接划归党委部门管辖，加上广播电视之前已经实行广播电视台归属党委宣传部门直管，我国新闻出版和广播影视行业更加强化了党委直接管理的最初模式。

2000年，我国加入世贸组织，新闻出版和广播影视行业国际交流不断增加，特别是在互联网的推动下，世界范围内的以广播电视网络视音频信息竞争为主的网络新媒体产业竞争更加激烈，广播电视的产业属性不容回避。2003年，中办、国办联合印发《关于文化体制改革试点工作意见》，即21号文件，对文化事业单位（包括新闻出版、广播电视行业）机构性质认定，从原来纯粹的计划事业型单位，转认为公益性和经营性并存的特殊事业单位，新闻媒体经济属性得到认可，从而，也在政治和理论认知层面将新闻出版和广播影视体制性质认定由原来的一元化结构转变为二元化结构。此后的中央重要文件也做了补充说明，解释在政治属性与经济属性发生冲突时，要服从第一属性决定的社会效益第一的原则，经济属性次之。

　　保罗·萨缪尔森在《公共支出的纯理论》（1954年）一书中指出，所有的社会产品可以大致划分为"公共产品""私人产品"和"准公共产品"三类。"公共产品"是每个人在消费这种产品或劳务时，不会导致别人对该种产品或劳务的减少的产品，它具有效用的不可分割性、消费的非竞争性和受益的非排他性。反之，具有可分性、竞争性、排他性的产品就是"私人产品"。处于公共产品和私人产品之间的是"准公共产品"。我国广播电视业诞生之初，"公共产品"属性较强，"与其他行业相比照，传统广播电视具有自然垄断市场特征：一是无线电波频谱资源的稀缺使得广播电视台要经过政府特许才能成立；二是广播电视传播设备投入的大量的成本沉淀提高了广播电视产业市场的准入门槛；卫星电视、有线电视出现后，使得广播电视成本劣加性特点更加突出"。[1]受频率资源限制、高投入和特许经营的制约，我国模拟时代的广播电视传播着数量有限的节目。收听收看广播电视，获取必要的新闻信息被视作公众应该享有的公共权利被保护着；随着数字技术的突破，卫星通信、移动通信和数字化、高清化、智能化主导下的广播电视新媒体有能力为受众提供更多个性化广播电视节目服务，广播电视产品的非竞争性和非排他性公共产品在"信息传播承载空间"无限扩大下，保护性公益传播渠道规制意义削弱，用户只要愿意，是可以通过多种选择接收各种新闻媒体生产的公共新闻产品的，受众是否愿意接受，关键取决于公共产品的内容和质量。在网络传播主阵地上，新一代广播电视视音频信息产品具有越来越多的私人性产品特征，因此，当下的广播电视新媒体产品更多地应被定性为"准公共产品"。"由于数字加密技术和卫星电视信号落地成本的增加消减了对广播电视产品消费的非排他性，目前较为普遍的看法是广播电视产品是'准公共产品'"。[2]对广播电视新媒体产品属性的准确认识，是政府规制部门厘清广播电视公共产品与私人产品的区别，制定一国广播电视政策法规的前提。

---

[1]石长顺，王琰. 广播电视媒体的政府规制与监管［J］. 中国广播电视学刊，2008（1）：29.
[2]石长顺，王琰. 广播电视媒体的政府规制与监管［J］. 中国广播电视学刊，2008（1）：29.

三、中国广播电视管理的四大传统

自1940年党的广播事业出现并发展至今，我国党和政府始终坚持中国特色的广播电视管理体制机制，在"实事求是""理论联系实际""批评与自我批评"等党的建设中，在领导全国各族人民开展抗日战争、国内战争、国家建设和国际斗争中，形成了影响至今的四大优良传统。

（一）坚持"党管媒体"和"政治家办报"的优良传统

"党管媒体"和"政治家办报"思想是被历史检验和实践证明了的、成功的无产阶级革命斗争和经济建设的新闻工作思想。报纸等现代大众传媒出现以来，世界各国的思想家、政治家和革命家都十分重视运用新闻媒体来宣传和扩大政党影响。马克思、恩格斯、列宁、毛泽东等无产阶级思想家、革命家都十分重视无产阶级革命与新闻工作的关系，既努力运用新闻媒体宣传无产阶级革命思想和革命主张，又不断总结和思考无产阶级新闻工作的特殊要求和方式方法。近代中国无产阶级革命战争、抗日战争、解放战争和社会主义建设的胜利也是"党管媒体"和"政治家办报"思想的胜利。《新青年》《湘江评论》等影响巨大的刊物都是早期无产阶级革命家创办的，并对党的创立发展和革命斗争的胜利发挥了重要作用；《论持久战》《人民解放军百万大军横渡长江》《谁是最可爱的人》《实践是检验真理的唯一标准》等新闻作品都是在关键历史时刻，由"政治家记者"亲自撰写，并发挥重要作用的经典案例。党的历史和新中国的历史都在证明新闻工作强调"党管媒体"和"政治家办报"是正确而伟大的思想。

"党管媒体"和"政治家办报"的思想对新时代中国新闻工作仍具有现实意义。当下，强调"政治家办报"的正当性和合理性在于它是"贴近实际、贴近生活、贴近群众"的新闻工作思想。当今世界资本主义经济危机困扰，世界无产阶级革命运动遇阻，国际形势千变万化，国内形势错综复杂，守好新闻舆论阵地，对内用"社会主义核心价值观"凝聚民族共识，用"四个全面"推动国家发展，对外宣传"人类命运共同体""一带一路"倡议，"讲好中国故事"，发出中国声音，既是国家战略主张，也是贴近实际的重要部署；"供给侧改革""产业升级""打虎拍蝇""扶贫帮困""简政放权""社会效益为主"等政策主张既是国家的治国方略，也是贴近生活，与百姓生活息息相关的日常的经济、政治、文化、生态、环境领域里的大事；全面建成小康社会，实现中华民族伟大复兴的中国梦是当代中国无产阶级政治家集体政治智慧的体现，同时，也是贴近群众的全民族的共同梦想，中国梦是国家的梦，也是"人民梦"和"个人梦"。

"党管媒体"和"政治家办报"的思想是顺应网络传播时代媒介发展变化、科学有效的新闻工作思想。互联网所营造的巨大信息场域改变和颠覆了传统舆论格局，各种观点和价值观以"共时、共享、交互"的信息资讯形式汇聚网络主阵地，既为广播电视新媒体带来机遇，也为新闻舆论掌控带来巨大"变量"，对我国新闻工作提出新的要求。在传统媒体影响式微，新媒体不断扩张的背景下，坚持"党管媒体"和"政治家办报"是广播电视媒体的一种"主动接入"和积极应对，只有在"党管媒体"和"政治家办报"思想的指导下，切实抓好"管"和"办"两个方面，即从维护国家意识形态安全、政治安全的高度，把"管好"互联网作为党管媒体的关键，紧紧抓住、切实管好，使新媒体在导向上与传统媒体一个标准、一个要求、一条底线；同时，主动参与新媒体竞争，深入进去、运用起来，做好传统媒体和新媒体融合发展，着力打造一批主流网络新媒体，进军互联网舆论主阵地，从而，更好地掌握新闻工作的主动权，发挥网络舆论的正能量。

（二）始终坚持"政治第一""政治导向正确"的优良传统

这种优良传统在广播电视新闻宣传管理实践中，表现为正确处理政治导向与新闻自由的关系问题。马克思主义认为，新闻自由拥有整体性、辩证性、历史性和平等性的特征；新闻自由不是绝对自由，而是相对有限度的；新闻自由使人们享有平等的自由表达权，使人民精神和国家精神得到良好发展。马克思主义新闻自由观为我们正确理解政治导向和新闻自由的关系，实现国家与社会的良性互动提供指导。

政治导向与新闻自由是整体的，统一的关系。马克思主义认为，新闻自由是有阶级性的,新闻自由归根结底是统治阶级的自由,"一个阶级的自由就意味着另一个阶级的不自由"。因此,新闻自由是政治体制主导下的自由,新闻自由必须在政治制度规范下来落实和推进,没有与政党意志、政治主张和政治导向相背离的新闻自由。简言之,有什么样的政治制度,就有什么样的新闻自由。我国实行的是人民民主专政,人民当家作主的政治制度,因此,我国的新闻自由是人民的新闻自由。国家性质与人民诉求的高度统一,使我国新闻工作成为党的工作的重要组成部分,在实际操作中,汇集和凝练了党的路线、方针、政策和重大决策部署的政治导向,通过党的宣传部门以宣传要点的形式,落实到各个新闻单位,成为新闻媒体工作的重点和中心任务。新闻媒体和新闻记者也能够自觉肩负起社会效益使命,将社会效益放在首位,努力实现社会效益与经济效益的统一。

政治导向与新闻自由是互为条件、相互促进的关系。政治导向与新闻自由具有合目的性和手段性关联。新闻自由是人类进步和文明诉求的目标,是衡量政治自由的标尺。马克思说"发表意见的自由是一切自由中最神圣的""没有新闻出版自由,一切自由都会成为泡影"。因此,新闻自由是作为特殊目的性存在的人类文明的价值追求所在。同时,新闻自由也是实现人民权利的重要保障,是推进社会进步的重要力量,是实现政治导向和政治目标的重要途径和手段。新闻自由能有效扩大政党政治、方针、政策影响,实现政党意志和政治主张。当前我国正在通过改革努力推进的新闻自由,应该是在坚持正确的政治导向的前提下,立足全球化、互联网传媒技术的进步、市场经济的转型升级和政治改革实际,遵循新闻发展自身规律,实现以人民为导向、以社会效益为首位、以法律为准绳的全面新闻自由。

政治导向和新闻自由都应在法治的框架内运行。"全面依法治国"是"四个全面"的战略布局的重要内容,也是当前政治改革和新闻改革的方向。政治导向的设定和新闻自由的实现都应在法治的框架内运行,都要在依法治国和建设法治国家范畴内实施。苏联解体和东欧剧变既有这些社会主义国家在西方和平演变和意识形态斗争中战略失误的主观原因,也有其个人意志凌驾于国家和法律之上，政治导向出现偏差，新闻自由失控的客观原因，这些惨痛教训应该警醒和坚定我们加快推进全面依法治国的进程。切实改变新闻自由立法缺失，新闻规制管理落后，过于依赖政策调控，事前审查规制较多，事后惩治控制过严的现状。在政治领域和新闻领域率先实现依法治国，增强政治导向设定和新闻自由保障的可判性、稳定性和连续性。

（三）坚持"与时俱进""改革创新"的优良传统

在新媒体信息传播不断冲击，传统媒体新闻报道影响日渐式微，新闻报道自身改革和创新发展任务艰巨；以及《新闻法》尚未出台，新闻报道创新发展没有真正法律依据可以遵循的多重压力下，如何认识和处理好新闻报道中政治边界和创新突破的关系是一项重要而紧迫的任务。辩证唯物主义和历史唯物主义告诉我们，实事求是、改革创新、与时俱进是真正的马克思主义。

广播电视新闻报道要牢固树立政治底线意识和媒体责任担当意识，始终坚持正确的政治方向。无论什么时间，无论什么地点，无论什么情况，新闻报道都要旗帜鲜明地坚持政治方向，牢牢地把握政治边界，不能够脱离政治体制，跨越政治边界去宣传报道。在全面建成小康社会的关键历史阶段，新闻报道要守住政治边界，实现创新发展，不忘初心，继续发挥好党和人民"喉舌"作用，就必须在党的领导下，坚持以人民为中心，以弘扬社会主义核心价值观为己任，以鼓舞和激发广大人民群众全面建成小康社会、实现中国梦的创造热情为目标，坚持正面宣传为主，服从和服务于党的路线、方针、政策宣传需要，努力为改革发展、为经济社会进步提供强有力的思想保证。因此，在新闻报道中，政治边界与创新发展的关系应该是政治边界是根本和底线，创新发展是方法和手段。新闻报道在实践中，政治边界不能僭越，必须遵守，新闻报道创新发展必须坚持正确的政治方向，围绕更好地服从和服务于政治宣传来进行。

新闻报道创新发展要遵循政治改革进程，紧扣时代脉搏，勇立思想和时代潮头，始终以正确的舆论引导人。政治体制改革的变化会使政治边界发生变化，新闻报道在创新发展中要准确把握这种变化，并适度调整。

同时，新的政治边界的调整，也为新闻报道创新发展开辟了新的领域，从而为新闻报道创新突破提供了更加广阔的空间。习近平总书记在党的新闻舆论工作座谈会上强调，党的新闻舆论工作是党的一项重要工作，是治国理政、定国安邦的大事，要适应国内外形势发展，从党的工作全局出发把握定位，坚持党的领导，坚持正确政治方向，坚持以人民为中心的工作导向，尊重新闻传播规律，创新方法手段，切实提高党的新闻舆论传播力、引导力、影响力、公信力。随政治经济体制改革和媒体技术的革新，以及信息资源的扩大，各种信息传播更加多样化，多元化，新闻报道必须紧随政治经济体制改革趋势，将自身改革创新工作纳入全局改革创新工作中去，担当起舆论宣传使命。

新闻报道创新发展要以政治坚定，能打胜仗为标尺，以当好经济社会发展"守夜人"和"把关人"为己任。协调好新闻报道中政治边界和创新突破的关系，就要求新闻人具有更强更加过硬的政治素养，练就一双火眼金睛，能够在纷繁复杂的新闻事件和各种资讯信息当中，准确地把握政治边界，创作出"贴近实际、贴近生活、贴近群众"的更多更好的新闻作品。在新闻报道实践中，始终坚持正确的政治方向，不断增强政治意识、大局意识、核心意识和看齐意识，在新闻报道中体现出自己的政治信念、政治觉悟。因此，要协调好新闻报道中政治边界和创新突破的关系，既要求新闻人在纷繁复杂的信息海洋里，不断提高政治素养，坚守政治边界，做好"把关人"，同时，还要求新闻人积极进取，遵循新闻规律，努力向新闻媒体、新技术、新经济学习，不断提高业务能力，当好"守夜人"，在马克思主义的政治观、新闻观的指导下，创作出真正有新闻价值、有影响力的新闻作品，奉献给受众有品质、有温度、有深度的新闻享受，满足受众的需求，实现新闻事业大发展大繁荣。

第三章 广播电视全媒体
管理认识的三个维度

　　媒介融合实质上是数字技术、网络技术、通信技术和人工智能技术在信息传播领域普及结果的表征。这一表征经互联网的融入和催化出现化学反应，产生了一种可以摆脱时间、空间限制，能够完成"脱域"传播，生成最接近现实的"虚拟现实"的传播革命。同时，生物接收外界信息"视听"感官的先在决定性决定了：传统大众传媒在此次传播革命中的任务是自身的数字化、网络化和智能化升级改造；重点是推进传统广播电视的融合转型；方向是打造全新的传媒形式——广播电视新媒体，拥抱全媒体时代的到来。这是与媒介融合表征对应的广播电视传播革命的内核。从哲学、媒介和规制三个维度认识和把握广播电视全媒体是认识和把握整个网络传播时代的有效途径。

第一节　管理哲学追问下的广播电视全媒体

　　数字技术、网络技术和通信技术重塑了媒介传播的属性和格局。其中，以数字技术进行采集、制作、存储，通过卫星、宽带和移动通信技术进行跨界、跨媒介的视听信息传递，具有智能性、共享性，并在一定范围内被广泛接收接受的"网络视音频信息（广播电视全媒体信息）用户和网络消费占据了网民总量和整个互联网消费类流量的70%以上"。[1]这些信息和媒介凭借传播主体复杂性、内容海量性、信息再生性、形式新颖性、对

---

①玄增星. 第四届中国网络视听大会在成都开幕聂辰席出席开幕式并做主旨演讲［N］. 中国青年报，2016-12-09（7）.

象多变性和价值易碎性，以"线上""线下"两种形式在传统有线电视、卫星电视、数字高清电视、IP电视、手机电视、车载电视、楼宇电视上展示，在门户网站、社交媒体（QQ、微博、微信、抖音、快手）、网络信息平台、网络直播室等互联网上广为传播，成就了网络传播阶段性代表——广播电视全媒体。

广播电视全媒体是网络传播时代的一种重要存在，是产业和传播领域里个人、企业和政府不容回避的客观现实，要认识和把握好这个时代，必须解决好广播电视全媒体这个"新生物"在整个网络传播时代中的"我"的哲学存在（"我"从何处而来？）、技术存在（"我"站在哪里？）、规制存在（"我"去往何方？）三个重要问题。

一、是目的还是手段？

稻盛和夫说，人类认识自然世界有三个层面，即科学层面、哲学层面和宗教层面。科学技术是一把"双刃剑"，既可以造福人类，同样，也可能是人类的灾难。基于此，科学被稻盛和夫放在了人类认识自然，与自然世界和谐相处的最低层面。没有哲学、宗教洗礼和指导下的科学是魔兽。比如，核能技术可以作为清洁能源造福人类，但也被制造成了原子弹、氢弹等毁灭性杀伤武器。而且，人类现有的重大科技发明创造，很多都是出于杀伤人类自己同类的目的被研制出来的，造福人类只是军方和政客研制它们时，没有来得及细思的"副作用"，之所以没有把它们毫无保留地投向战场，只不过是慑于互相毁灭的共同结果而被暂时压制下来的"理智无奈"。人类科学研究真相告诉我们，科学创造往往是因为人类自己的贪欲和丑恶，出于阴暗目的被发明创造出来，然后，被市场的偶然契合发现，其经济价值得到挖掘，最终被广泛应用于生产生活。因此，需要给科学技术赋予哲学的眼睛，培养其宗教的善良，用规制的笼子来约束和规范，最终让其去造福人类。

技术在某种意义上，是具有一定能动性的产物，特别是在传媒领域，导入特定程式后，技术表现往往不只是逆来顺受。哈贝马斯认为，"技术与科学今天具有双重功能：它们不仅是生产力，也是意识形态"。①科学能够以理性的方式渗入到社会生活的各个方面，进而成为马尔库塞所说的"一种新型的社会控制形式"。②白锐认为，"任何科技都不仅仅是技术，而是具备了一定社会土壤与社会意义的社会关系的外化物"。③贝尔特·斯蒂格勒说，"工业化时代的人本身也依赖技术体系，人与其说是利用技术，不如说是为技术所用。因而人本身成了技术体系的职员、附属、辅助，甚至是它的手段"。④正是在此种意义上，人类更应该重新认识科学技术，科学技术不会因为其是人类自己的创造物，就理所当然地永远为人类任意驱使和奴役。所以，问题的关键是怎样让那些可能决定人类生死存亡的重大技术发明创造，由人类共同决定。合作、契约、法律是目前人类所能找到的保障人类命运共同体共同命运的最好办法，可2020年以来，特朗普的"美国优先"和无厘头的"退群"又让大家明白力量绝对优势方是不愿意这样做的。弱者才会寻找法律、规则的保护，或者说，法律和规则是保护弱者获取公平公正的唯一指望。

二、是工具还是主体行为的一部分？

人们认识和把握世界是从认识和把握语言和符号开始的，并以语言和符号的表达形式来结束。"从本质上看来，世界图景并非意指一幅关于世界的图像，而是指世界被把握为图像了"。⑤鲍德里亚说这是"拟像的进程"，这就是拟仿，它和再现是对立的。再现产生于符号与事实的等价原理。相反地，拟仿产生于等价原理的乌托邦，产生于对符号等同于价值的根本否定。图像这种当今时代最强势的"语言"，缔造了一种人与世界的新关系。孙

①Habermas·J.Kulturund Kritik［M］．Frankfurt：Suhrkamp，1973：76.
②赫伯特·马尔库塞．单向度的人——发达工业社会意识形态研究［M］．刘继，译．上海：上海译文出版社，2006.
③白锐．略论互联网与国家治理逻辑的再建构［J］．社会科学战线，2016（9）：179.
④孙玮．从新媒介通达新传播：基于技术哲学的传播研究思考［J］．暨南学报（哲学社会科学版），2016（1）：69.
⑤马丁·海德格尔．林中路［M］．孙周兴，译．上海：上海译文出版社，1997：86.

玮引用雅克·拉康和让·鲍德里亚的话，"当世界通过视觉机器都变成了纯粹的表征的时候，也就意味着这个世界里，不再有本质与现象、真实与表象之分。表象就是真实，并且是一种比真实还真实的'超真实'"。①

传媒使这种把握插上了翅膀，能够更快更好更"完整"地在世界传播。而可悲的是，书籍、报刊、广播影视、互联网呈现给我们的世界图景并非一幅真实的世界图像，而是被传播者把握和接收者理解后被"误解"了的"图像"。人们在把握世界图景，使用传媒扩大传播的过程中，已经把传媒内化为自身的一部分，这就是麦克卢汉所说的"媒介即人体的延伸"。德国柏林大学的克莱默尔说，"人们相信，传媒不仅服务于信息的传达，更重要的还在于传媒本身——以各种方式——必然地参与到信息的内容中"。②雷吉斯·德布雷说，"传媒不是这样一种工具，我们用它们可以获得或者通向某个东西，又可以用它获得另一些东西。传媒对于行为是建构性的，行为在要素中被实现，没有光，我们什么也看不见，没有语言，我们什么也说不了。一句话，传媒就是要素，没有它也就没有在传媒中清楚表达的东西"。③"在人工智能、物联网、VR/AR等新技术的推动下，媒体将出现智能化趋向，并表现为万物皆媒、人机共生、自我进化的特征。这将带来5种新的新闻生产模式：个性化新闻、机器新闻写作、传感器新闻、临场化新闻以及分布式新闻。在人机博弈中，始终要把人文关照放在首位"。④这一自救式的提示在之后的人机大战中得到证实。在输给连赢53盘的机器人Master后，聂卫平说："怎么着，人类棋手最终还是输。"所以，"我们人类研究人工智能，不能让它们学坏，只能让它们做有益于人类的事"。⑤

---

①孙玮. 从新媒介通达新传播：基于技术哲学的传播研究思考［J］. 暨南学报（哲学社会科学版），2016（1）：72.

②孙玮. 从新媒介通达新传播：基于技术哲学的传播研究思考［J］. 暨南学报（哲学社会科学版），2016（1）：73.

③孙玮. 从新媒介通达新传播：基于技术哲学的传播研究思考［J］. 暨南学报（哲学社会科学版），2016（1）：74.

④彭兰. 智媒化：未来媒体浪潮——新媒体发展趋势报告（2016）［J］. 国际新闻界，2016（11）：6.

⑤陈雒城. 聂卫平：我最接近赢Master 不能让人工智能学坏［EB/OL］.（2017-01-11）［2020-10-11］. 腾讯体育.

三、是继承还是革新？

广播电视全媒体营造的是一种全新的数字化场域，所有参与者以"0和1"数字形式呈现，是一种"节点式"的存在。曼诺维奇提出网络新媒介的五大准则——"数字化表征、模块化、自动化、可变性和转编码性，即二进制码的过程是新媒介技术的根本特征"。①这种基于数字技术、通信技术和互联网技术而产生的开放、交互、叠加、即时的传播媒介的出现，使人类信息传播活动发生了迭代性变化——节点化存在。

"节点化"生存模式的特点就是传播参与者可以被数字化分解，可以用数据测量。比如大数据最浅显的应用，对使用者位置的测量。"用数据来测定的用户节点位置，主要包括物理位置、社会位置与服务位置。这些数据的采集主要依赖传感器"。②如通过微信"摇一摇""附近的群""附近的人"等来测量节点的地理位置和空间环境数据；通过终端所处的族群、圈子、社会资本等来测量节点的社会位置等等。"微信软化时空边界，重组了人们的时空结构，拔除了大众新闻生产赖以维系的基本架构。传统新闻业不得不面对的真正威胁：既非内容为王，也非渠道为王，而是如何以新的时空架构来定位自己的节点位置与存在方式"。③"以用户节点为基础的新的传播结构，也使得全媒体中的传播，更趋向一种'组织'式的传播，每个个体都作为传播通道上的一个开关，影响着信息的流向与流量，什么样的信息能得到传播、以什么路径传播、信息能传多广等，主要取决于有多少用户节点'开关'被启动"。④

作为节点存在的每一个广播电视全媒体使用者因为这种数字化节点式的存在而获得了超出以往的巨大能量。广播电视全媒体信息在网络这样一个

---

①尼古拉斯·盖恩，戴维·比尔. 新媒介：关键概念［M］. 刘君，周竞男，译. 上海：复旦大学出版社，2015：122.

②彭兰. 移动时代的节点化用户及其数据化测量［J］. 暨南学报（哲学社会科学版），2016（1）：81.

③谢静. 微信新闻：一个交往生成观的分析［J］. 中国社会科学文摘，2016（9）：144.

④彭兰. 移动时代的节点化用户及其数据化测量［J］. 暨南学报（哲学社会科学版），2016（1）：77.

无远弗届的场域里游走，每一个参与者既是消费者，也是使用者；既是传播者，也是接受者；既是消费者，也是生产者。在新媒体空间里，使用者被赋予超强权力，只要肯想、肯做，无所不能。"微信中介的各种节点，包括作为主体的个体和机构，以及作为客体的文本和世界，它们本身都发生了改变。首先是主体的改变，微信主体是一种'节点主体'，它们沉浸于关系和互文之中，在多重意义的网络中重新构建自身的存在，并以这种存在来判断是否真实，是否具有价值"。①"我们的能力在大幅增加，这种能力包括分享的能力、与他人相互合作的能力、采取集体行动的能力，所有这些能力都来自传统机构和组织的框架之外"。②"节点化"使网络传媒参与者被完全物化，人们甚至可以像认识把握自然规律一样，通过自然科学的严谨手段来把握社会规律，推进社会发展。正如孔德"社会物理学"设想，随着理性的科学认知的不断推进，社会科学最终将发展到物理学的"成熟状态"。人们可以通过观察、统计和分析而发现近似于自然规律的社会规律，从而"研究现状以便推断未来"。这种物化、半人、半机械的存在是真的吗？人们睁大眼睛，面无表情地问！可谁又知道呢。不过，互联网确实赋予了人类不同以往的巨大能力，似乎也赋予政府、组织和个人更大的权利。新加坡学者郑永年说，互联网带来了一个"技术赋权"③的时代。

四、是天堂还是魔域？

卡斯特提出"流动空间"和"无时间性的时间"的概念，来取代传统的"地域空间"和"时间"概念，并把这种区别于传统工业社会的时代叫作"网络社会"时代。他指出，"地域空间即指原来意义上与地点和场所相联系的空间。而网络使地域的概念从文化、历史和地理意义中解放出来，被重组进类似形象拼贴的功能网络里，故而产生一种'流动空间'，

---

① 谢静. 微信新闻：一个交往生成观的分析［J］. 中国社会科学文摘，2016（9）：144.

② 克莱·舍基. 未来是湿的：无组织的组织力量［M］. 胡泳，沈满琳，译. 北京：中国人民大学出版社，2009：12.

③ 郑永年. 技术赋权：中国的互联网、国家与社会［M］. 北京：东方出版社，2014：15.

过去、现在和将来可以被设定在同一信息里面且彼此互动时，时间的概念便也随之消失在这个新的空间之中。流动空间的社会意义在于，空间是社会的表达而不是社会的反映，进一步说，空间不是社会的拷贝，而是社会本身。流动空间是流动变化的，它的变化将直接影响到社会进程和社会结构，带来社会的改变，彰显空间作为社会的维度之一的重要性"。①"无时间的时间"是信息时代主导的时间类型，他指的是打乱社会行为的计时顺序的排列，其产生的途径有两种，通过时间的压缩或者是时间顺序的随机重组。网络社会时间—空间仿佛被压缩了。在工业化的背景下，时间成了一种商品，它能够被储存、买卖、投资，呈现资本化的趋势，这种现象使得时间有可能从日常生活和空间的束缚中剥离出来，产生时间—空间延展。"网络社会"是空间组织了时间。"新的时空观把信息的、历史的、演化的观念引入对时空关系的考察，并相应阐明了在实物普遍相互作用中通过时空内在融合的方式所实现的事物普遍联系、规定和转化的内在机制和过程。由于现存事物的结构都是在时空转化的信息凝结中产生出来的，所以，所有事物的现实结构都是一个空间化的时间（时间凝聚成了空间的构造）和时间化的空间（空间的结构拥有了自己的时间维度）的统一体"。②因此，广播电视全媒体及整个网络空间呈献给人类的是一种不同以往的全新场域和世界。这留给人类最大的思考和课题在于，数万年来，时间的观念组织了人类的演变，让人类有了度量、程序，敬畏生死；空间的实践决定了人类的认知，让人有了"吾生也有涯，而知也无涯"的意义和存在延续的希望。而网络社会随意组织了时空，错乱了人类现有的认知，混淆和恍惚了存在与意识，物质与精神的界限。因此，在大多数人还没有做好认知和习惯准备的时刻，"突然"到来的网络社会对个人和整个人类来讲，到底是天堂还是魔域，还是一个尚未可知的动量命题。

---

①何睿. 网络社会下的空间与时间新类型——曼纽尔·卡斯特空间时间观点述评［J］. 新闻世界，2014（12）：98—99.
②邬焜. 信息哲学对哲学的根本变革［J］. 中国人民大学学报，2016（6）：131.

五、是接入还是旁落？

广播电视全媒体所生存的网络世界对不肯革新的传统媒体来讲是一种无情的碾压和灾难，在互联网所营造的世界传播场域里，要么接入，要么毁灭。胡正荣指出，"近几年，国外传统媒体正在经历'断崖式'下滑和网络视频的崛起，美国NBC里约奥运会的收视率比4年前低了大约20%；美国民众为转向数字流媒体而'掐线'（cord-cutting，取消传统电视订阅）的进程已然加速，时代华纳5.83亿美元入股hulu，'让消费者随心所欲地在多个平台上访问高品质内容'"。①在国内，据中国好4G统计，全国有线电视注册用户（2.54亿人）中，目前只有三分之二的用户（1.67亿人）在缴费，有三分之一用户已经不再缴费，转向宽带和手机电视。互联网也让经济、文化与社会结构再不似从前那样稳固，相反开始呈"液态"化发展，"人与人的联系，更多不是依赖于以前的体制，而是受制于市场力量与文化力量，以及偶然的社会聚合。这样的前提下的权威——权力关系，具备更多的不确定性。刘慈欣在科幻小说《三体》里说，'毁灭你，与你无关'"。②

2016年11月，美国总统大选，特朗普在最后阶段对希拉里的反转看似是戏剧性的，实际上不过是新媒体对传统媒体颠覆日渐成熟的一种牛刀小试罢了。这不只表现在大选前社交媒体的准确预测，也不是完全因为传统媒体的失职和缺位。这一幕的孪生兄弟在事件的3个月前，2016年8月的英国脱欧公投就已上演。只不过是传统媒体的傲慢和精英阶层对新媒体的漠视加快了这一切的到来。卡梅伦的欲擒故纵与希拉里的严谨正统的废话将选民中的中间摇摆力量最终推向了对旧有精英政治厌倦的普罗大众，在网络时代的大众面前，"说人话"的社交媒体远胜于戴面具"说真话"的新闻传媒，以至于，使用这些媒介的人也变得可爱或是让人厌倦。希拉里和卡梅伦们的失败在一定意义上是传统大众传媒在新媒体面前的集体失败，

①叶实．胡正荣在中国传媒大学全国大学生朗诵大会学术论坛上讲话［EB/OL］．（2016-11-18）［2020-12-26］．有点儿内容．

②白锐．略论互联网与国家治理逻辑的再建构［J］．社会科学战线，2016（9）：182.

是守旧在求新心理面前的失败。至此，一个新传播时代到来了，无论那个曾经的王者想不想退场。

第二节　传媒产业中的广播电视全媒体

一、场中央——传媒场域的"新贵"

互联网创造了一个新的时代，把人类社会由工业和后工业社会带入到信息社会。据统计，"2014年，中国拥有6.88亿网民、5亿微博用户、5.5亿微信用户，每天信息发送量超过200亿条；拥有400万家网站，电子商务年交易额超过1万亿英镑，对经济增长的贡献率超过10%"。①网络社交新媒体更是疾风骤雨式的跨越发展。"据估计，到2018年，将有24.4亿人使用社交网络，而在2010年，这一数字仅有97万。目前，每分钟在Facebook上发送超过3000万条信息，发出35万条推文。这已经改变了我们的交流方式，经营商业，接受管理以及社会生活的方式"。②

广播电视全媒体已远远超出简单的信息获取功能，具有了社交、服务和交易属性，深入到社会生产生活的各个重要领域。"社交媒体正在从一个'锦上添花'的角色转变成为任何商业战略中都十分重要的部分；社交媒体平台可能成为未来银行；社交媒体正在影响医保和公共卫生；社交媒体正在改变我们治理和被治理的方式；社交媒体正在帮助我们更好地应对灾难；社交媒体正在帮助我们处理这个世界上最大挑战，从违反人权的行为到气候变化的问题"。③着眼未来，网络传媒科技创新更是空间无限。"2016世界十大新型科技——纳米传感器和纳米物联网，到2020年，物联

---

①鲁炜. 共享的网络共治的空间［J］. 信息安全与网络保密，2014（7）：10.

②亚力德罗·古兹曼，法里达·维斯. 社交媒体正在以6种方式改变世界［J］. 张骐，译. 国外社会科学文摘，2016（8）：47—48.

③亚力德罗·古兹曼，法里达·维斯. 社交媒体正在以6种方式改变世界［J］. 张骐，译. 国外社会科学文摘，2016（8）：47—48.

网可以把300亿台设备连接起来。今天，纳米传感器可以在人体内循环，或者被嵌入建筑材料中，未来，纳米物联网技术如得以实现，可以对医疗、建筑、农业和药品制造等行业产生巨大影响"。[①]

2016年11月17日，乌镇世界互联网大会首次发布15项世界互联网领先科技成果。这些成果是："特斯拉增强型自动辅助驾驶、深度学习神经网络处理器、神威太湖之光、百度大脑、微信生态创新、量子通信、IBM Watson2016、以飞天平台为基础的大规模分布式高可用电子商务处理平台、卡巴斯基工控安全平台、微软Hololens混合现实全息眼镜、Transistor Density Increase by 1000X、三星复合生物信号处理器、SAP工业4.0互联制造解决方案、华为麒麟960手机soc芯片、Qualcomm 5G NR原型系统和试验平台"。[②]

互联网信息技术的集大成者——"虚拟现实"技术已经走到我们身边，人们已经日渐清晰地感受到美国未来学家尼古拉斯·尼葛洛庞帝所预测的"数字化生存"的图景。VR（Virtual Reality）虚拟现实即灵境技术或人工环境，是一种能够提供给使用者关于视觉、听觉、触觉等感官的模拟，通过动作捕捉、触觉反馈、眼球追踪、肌电模拟、手势跟踪、方向追踪、语音交互、传感器等，让使用者如同身临其境一般，可以及时、没有限制地观察三度空间内的事物。国内VR产业化已进入实施阶段，2016年5月4日，暴风TV推出首款VR电视机，采用电视播放720度全景视频、手机操控角度的交互形式实现全景体验，或者用手机播放全景视频同步到电视播放。产品主要三种：VR头盔、VR一体机和VR眼镜。优酷VR频道于2016年3月上线，5月11日，优酷以"奇妙夜"的形式在上海发布VR战略，宣布年内拓展3000万VR全景用户。其在自制合制内容方面已广泛采用VR技术，推出了《火星情报局》《极限挑战》《国民美少女》等综艺VR内容。乐视、腾讯、爱奇艺、百度、聚力传媒都宣布了庞大的VR内容拓展计划，覆盖了电影、电视剧、新闻、纪录片、综艺、冒险、广告等传统影视内容的方方面面。无论是在硬件制作，还是在软件更新以及传统节目优势的VR改造，

---

①奥利弗·坎恩. 2016年的十大新科技［J］. 白莲，译. 国外社会科学文摘，2016（10）：38.
②黄颖. 互联网大会首次发布15项领先科技成果［N］. 新京报，2016–11–17（12）.

都有突破进展。2016年国内VR内容提供商VR热播、兰亭数字、焰火工坊等拍摄《占星公寓》《行走弗洛蒙》《雀巢荟150年》《全侦探》《宋仲基带你游台湾》《活到最后》等大量VR视频节目。据《中国VR用户行为报告》表明，"中国市场估计的VR潜在用户2.86亿，其中，移动用户将占80%以上，95%的智能手机用户会拥有一款VR眼镜，预计到2020年，VR设备出货量将达8000万台以上，全球VR与AR市场规模将达到1500亿美元。超过7成的VR重度用户每天都使用VR设备，用户对巨幕电影和全景视频更感兴趣，内容则会偏爱于科幻片、欧美大片、战争和美女视频等，平均每天使用34分钟，对优质VR内容有巨大需求"。①

二、走向融合——相互进入的媒介新生态

尼古拉斯·尼葛洛庞帝认为，"广播电视业""电脑业"和"印刷出版业"将在数字化浪潮下呈现交叠重合的发展趋势，三大传媒产业交叉处将成为成长最快创新最多的领域，这是媒介融合思想萌芽的起点。美国麻省理工学院教授伊契尔·索勒·浦尔在《自由的科技》一书中，首次对媒介融合的内涵做出界定，媒介融合是"媒介间界线日渐模糊的进程"。这些思考和研究与更早的麦克卢汉"媒介即信息"，即没有一种媒介独立生存，媒介之间互为信息的思想相互印证。跨界、互相进入、共荣共生、融合发展是互联网主导下的新的媒介生态环境。

这种进入不只是迭代那么简单，而是一种生态意义上的彻底颠覆。"通常人们所说的物质生产不可能生产物质，生产的仅仅是物质资料（生产一种由特定物质结构所载负的信息模式）。从信息活动的维度来看，人类的生产和实践活动是一种主体创造的目的性信息，通过主体创造的计划性信息的实施，在客体中实现的过程。在信息哲学看来，由于人类生产不可能创造物质，人类的生产只能是信息生产，人类生产力也只能是信息生

---

①刘亚澜，孟倩. VR研究报告：中国VR潜在用户规模已达2.86亿［EB/OL］.（2016–03–21）［2019–04–25］. 腾讯科技.

产力"。①这种基于数字技术、移动通信、大数据技术而发展起来的网络新媒体也使广播电视等传统媒体新闻信息生产的方式、环境和属性发生质的变化。"社会化媒体、移动终端和大数据是影响新闻生产的新技术因素。在新闻生产方面，新媒体对传统媒体的影响主要体现在'从组织化的新闻生产向社会化的新闻生产转型''人人变记者'"②"由于异质混合、多重连接和无本源生产，微信新闻生成具有前所未有的开放性，成为逃逸和解域的力量来源，同时，也高度不稳定，使既有的时空秩序和生产框架出现裂缝，边界变得含糊不清"③"今天的新媒体，不只是向用户提供内容，还向他们提供社交平台以及与生活工作相关的各种服务"。④

三、谁来拯救——"沉默"的大多数

理论上，任何个体都可以平等地登录互联网所创造的公共、开放的传媒场域，人们可以自由平等地运用互联网所营造的自由空间，自由畅想、自由交流信息、购买服务、休闲娱乐，但这只是"潘多拉"盒子打开之后的一面，翻看它的另一面，会让人感到十分沮丧。事实是，在网络和现实之间，信息传播的能力和地位实际上取决于对现实把握并信息化的能力以及个体实际占有的社会资源的多寡。

网络上的大多数是沉默的"看客"。"一项由香港大学研究人员组织的调查显示，有86.9%的微博用户没有发过原创帖，有88.9%的用户从未转发过别人的原创帖。全球社交网络的用户活跃度显示，新浪微博的用户活跃度下降了40%，中国的社交网络正变得安静"。⑤从网民的年龄结构上看，网络也主要成了年轻人的天下。2015年12月3日，第三届中国网络视听大会，

①邬焜. 信息哲学对哲学的根本变革［J］. 中国人民大学学报，2016（6）：131—132.

②刘义昆，赵振宇. 新媒体时代的新闻生产：理念变革、产品创新与流程再造［J］. 新华文摘，2015（10）：127.

③谢静. 微信新闻：一个交往生成观的分析［J］. 中国社会科学文摘，2016（9）：144.

④彭兰. 移动时代的节点化用户及其数据化测量［J］. 暨南学报（哲学社会科学版），2016（1）：79.

⑤戴燕. 社会网视域下微博传播的特点、动因及现状［J］. 学术界，2014（3）：92.

原国家新闻出版广电总局局长蔡赴朝指出，"网络视频用户，20—29岁年龄段的最多，大约占了37%，占手机网络视频用户的40%以上。网络视频用户受教育程度比较高，大专及以上学历的占到四分之一，网络视听从业人员总体平均年龄不到30岁"。[①]网络话语权的掌控者实际上是生活中的"高富帅"，中年男性社会精英和成功人士才是网络上真正的"意见领袖"。"复旦大学发布国内首份中国微博用户影响力研究报告显示：在最具影响力的TOP100用户排名中，男性占91%，前20名均为男性。职业媒体人33人，学者26人，作家20人，商界人士17人。草根群体难见其身"。[②]

是什么造成了这一结果？仅仅是因为大多数网民自身的年龄结构、文化素养吗？显然不是！20岁左右的年轻一代意味着有大量时间可以自由支配，有较好的教育可以自由操作使用互联网，同时，也意味着她（他）们更追求潮流，更愿意为时尚买单；而40岁左右的成功人士是汽车、房产、珠宝、化妆品等贵重奢侈品的潜在客户，巨大的支付能力足以让广告商大献殷勤。谁抓住了这些主要消费人群，并有最强的黏合度，谁就是广告主肯拿出金钱投放的目标。因此，也就不难理解网络传媒让自己的传播内容更多地倾斜于这些人群的喜好，并贴心地调查信息服务送达和反馈。数以千万的孤寡老人对最新的年度新潮时装不会感兴趣，为生计奔波的一亿几千万农民工也不会关心浦东和深圳顶级楼盘的日租和单价，占人口80%的农民对粮价和合作医疗信息的关心远高于对股票和融资加杠杆信息的关心。而这些"费时费力"的"公共信息产品"没有太大商业价值，因此，供给侧除了迫不得已，更多时候，直接"屏蔽"了这些供给。没有供给就形不成"议题"，也就造成了看似热热闹闹的网络传播里，大多数人的"沉默"。

四、隐私曝光——网络原野上的"裸奔"

广播电视全媒体把不同国家、不同行业、不同团体、不同个人集结

---

①蔡赴朝. 开创中国网络视听产业繁荣发展的新局面［EB/OL］.（2015–12–03）［2019–12–12］. 央视网.

②戴燕. 社会网视域下微博传播的特点、动因及现状［J］. 学术界，2014（3）：98.

在网络上，并以绝对公平、自由的名义开展信息交流和互动，而事实上，网络更是个逐利场，以牺牲个人和弱势群体的利益来换取背后"金主"的商业和政治利益。最典型的莫过于利益集团通过乱用大数据等后台信息技术，毫无底线地对网民个人信息和隐私的侵犯。

大数据技术"形塑"了网络传输参与者之间的不平等。"大数据存储和处理使得政府和其他大数据拥有者能够更准确地做出预测，减损了个人意思的自治的范围"[①]"大数据技术的广泛应用实际上正重塑着整个法律体系运作于其中的社会空间，改变着大数据掌控者（包括国家和商业机构）与公民个人之间的权力关系，并创生出许多无须借助法律的社会控制方式。大数据技术使个人变得越来越透明，而权力行使者却变得越来越隐秘"。[②]政府、商业集团和其他利益集团利用自己的优势，将网络参与者打造成为两个极具特点的阵营——"透明的个人与幽暗的数据掌控者"。

政府以法律和部门规定的形式，加强对一般网络参与者的信息透明的强制，强化了对自身的保护。以中国为例，"一方面我国非常强调加强政府信息的保密工作，无限度地扩大保密范围，虽有政府信息公开条例却执行困难；另一方面，推行各种实名制，使老百姓的个人秘密无所遁形，将一个个'秘密花园'都纳入政府规划，成为市政广场的建设用地"。[③]而商业机构在提供网络商业服务前，或明或暗地收集和掌握着消费者的个人信息，并将这些信息汇集，使用大数据技术赢得更大的商业利益。

数字信息时代，普通人的一天往往这样度过：清晨醒来，打开手机微信，刷朋友圈、推送微博、微信，了解和沟通新闻信息；使用滴滴打车、代驾软件出行；在淘宝、唯品会、京东、亚马逊上购物；使用谷歌、百度、搜狗等引擎查询专业讯息；使用腾讯、爱奇艺欣赏电影、收看综艺节目……所有这一切都留下了我们的痕迹。这些痕迹被商业机构网络后台

---

①郑戈．在鼓励创新与保护人权之间——法律如何回应大数据技术革新的挑战［J］．探索与争鸣，2016（7）：80．

②郑戈．在鼓励创新与保护人权之间——法律如何回应大数据技术革新的挑战［J］．探索与争鸣，2016（7）：79．

③郑戈．在鼓励创新与保护人权之间——法律如何回应大数据技术革新的挑战［J］．探索与争鸣，2016（7）：81．

收集、整理、分析，个人兴趣、消费偏好、健康状况、家庭成员乃至工作单位、身份证号、家庭住址等私密信息毫无遮拦地暴露在这些机构手中。而这些信息都是在人们"自愿"合法的情况下和盘托出的。"基于这些资料，政府可以实现对特定个人的监控，而商业组织可以投放量身定做的广告，可以引导消费，甚至配合执法。如为了解决法律文书送达难的问题，浙江省高院与阿里巴巴合作，传票直接送到淘宝收货地址"。①根据"同意者不能主张受到损害"的法律原则，网民在没有意识到自身信息有可能被用于商业及其他用途的情况下，"自愿"填报了个人信息，因此，造成网络上大面积侵害消费者个人隐私的行为发生，而法律的后知后觉，又让网民的权益难以得到相应的法律保护。

第三节　规制视域下的广播电视全媒体

一、互联网场域里的霸权

"互联网使得信息传播与分享开始突破了既有国家体制的桎梏，形成一个全球范围的互联网信息社区"。②互联网缔造的这个全新世界，表面上看，它是靠无利益诉求，纯技术独立的第三方"约定"和"协商"来运维的，但事实上，它和现实世界一样，摆脱不了利益之争和权力倾轧的问题，也存在霸权和歧视。互联网治理一方面是规范网络内容和行为的网络空间治理，另一方面是意义和分量更重的域名、区域、网址、过滤、技术标准等隐藏在内容后面的互联网技术权限管理和分配问题。而这会决定一个国家、地区、民族在网络时代的现实地位和权力。"信息科技对生产方式和权力形式构成更加深刻的影响。英国人通过组织理论的考察，分析了信息传播技术（ICT）的重要性，认为信息科技的出现与繁盛不单单是一种

①郑戈．在鼓励创新与保护人权之间——法律如何回应大数据技术革新的挑战［J］．探索与争鸣，2016（7）：81.
②白锐．略论互联网与国家治理逻辑的再建构［J］．社会科学战线，2016（9）：183.

纯粹的科技进步，当中的信息处理与传播要素已经对现实世界的权力关系形成冲击，这些学者断定信息技术实质等于管理控制手段"。①

目前，真正主导着互联网基础架构、协议等关键资源的界定、分配和操作的网络世界治理的机构是成立于1998年的美国的ICANN（互联网名称与数字地址分配机构），它是一个号称"全球性的、不以营利为目的、谋求协商一致的组织"和"一个互联网中技术、商业、政治派别及学术团体的联合体"，它的内部包括"地区互联网地址登记机构、技术联络组、科学研究人员、利益团体代表等"。但美国政府却为自己留下了相当大的权力，这包括美国政府是ICANN的承包商，拥有对域名系统根的"政策权力"，以及保有审查和批准任何ICANN提出的对根区域文档进行更改的权力。②具体表现在，"ICANN有权分配国家顶级域名代码。这些顶级域名在划定国家网络空间的同时也在一定程度上使主权空间合法化。终止域名解析服务，就意味着一国从互联网世界中消失。2003年伊拉克战争期间，ICANN终止了伊拉克顶级域名的申请和解析，伊拉克便从互联网世界里变得不复存在。资源的不平等分配一直是一个有争议的问题。原来IPV4协议下的IP地址，74%的地址被分配给了美国。这使美国拥有了更快的域名解析速度和更稳定的解析服务"。③

二、集体无意识下的信息失真

"真实是信息的生命，是受众主动接收信息的前提"。事实远非如此！研究表明，在自媒体时代，受众参与新闻传播活动时，信息真实性问题已排在次要位置，在主动接收和最终接受信息的动机选择上，与新闻信息本身是否真实相比，人们更愿意相信和接受与自己价值观和认知相近的

---

①白锐. 略论互联网与国家治理逻辑的再建构［J］. 社会科学战线，2016（9）：180—182.

②米尔顿·穆勒，约翰·马西森汉斯·克莱因. 互联网与全球治理：一种新型体制的原则与规范［J］. 田华，译. 国外理论动态，2016（9）：72.

③邹军. 全球互联网治理的模式重构、中国机遇和参与路径［J］. 南京师大学报（社会科学版），2016（3）：58.

信息。沃尔特·夸德罗乔奇及其研究小组发现，网络时代"在社交媒体上，一种趋势越来越明显：信息是否真实并不重要，重要的是信息与个人对世界的认识是否相符。这种趋势导致了假消息的泛滥"。[①]沃尔特·夸德罗乔奇小组调查发现，大部分网络用户有无论合乎事实与否，只偏好地获取符合自己认知的信息倾向，这种近乎偏执的信息选择被归结为"确认偏误（Confirmation bias）"。自媒体时代的这种网民在信息传播过程中的"个人偏执"并没有就此停止，偏执的个体还"物以类聚，人以群分"，他们利用社交媒体建立与自己观点契合的"回音室"，在微信群、朋友圈、QQ群等相对独立的环境中，不断重复和强化这些意见，并不顾及在这种强化中信息被夸张和扭曲，并固执地认为，这些变形的故事就是事实的全部。这种趋势极易在网络传播中造成媒体和用户的分化，而意见相左的双方很难在沟通和解释中达成一致看法。这就是课题组所说的"逆火效应"，即当一个错误的信息被更正后，如果更正的信息与人们原来的看法相违背，反而会加深人们对错误信息的信任。这在美国总统选举两大阵营对立中表现得尤为明显，更正的信息是否真实不重要，重要的是看法，更正和努力都只会起到使对立更加鲜明的作用。2016年，《牛津词典》宣布"后真相"（post-truth）为年度词汇，总结了这种现象是"在一些特定状况下，客观事实对公共舆论的影响没有感性诉求和个人信念的影响大"。

研究表明，广播电视全媒体时代的信息传播正越来越多地表现为谬论"麻醉"全体受众的传播现实。通过对APP信息平台、自媒体、社交媒体传播热点的跟踪及网民对热点事件跟帖评论转发的情况观察，研究者绝望地发现，人们根本就没有在乎过信息是否真实或真理是否存在，只要是不合口味的信息，网民便弃之如敝屣，绝不回头；而对于能将他们带进阅读"舒适区"的信息，无论真假，只要有足够的诱惑力，就会使网民们如飞蛾扑火般趋之若鹜。2020年，天灾人祸不断，思想撕裂空前高涨，世界特别是网络舆论世界，呈现出明显的"极端的民族主义和情绪宣泄的声音总被支持，而且声音越来越大；而理性中立的声音总被谩骂批评和淹没"的

---

①沃尔特·夸德罗乔奇. 假新闻溯源：事实已不重要［N］. 南方周末，2018-11-29（27）.

特点。新冠疫情让百万人死亡没有让人冷静下来，澳大利亚大火、印度蝗灾、中国洪水、美国地震、南极冰川融化加剧、菲律宾火山爆发也没有让人冷静下来。舆论造成的两极分化越来越严重，网络世界丰富，似乎什么都可以看到，但事实是，你看到的，只是你想看到的，看不到的才是事物的真相。舆论场的主导者在窃喜，并愈发肆无忌惮地将当代向两大族类拉扯，一方是神，一方是兽。世界舆论场在2020年表现出极端的民族主义和民粹主义的狂欢，甚至到了狂热和不理智的程度，这是一种"上帝死了，众神无首的末世狂欢"。这种网络信息传播现象被"回音壁""信息茧房"理论所证实。

三、融进血脉里的意识形态属性

信息是有倾向性的，这种倾向小到个人偏好，大到利益集团、政党、民族和国家的意志，这就是我们经常听到的意识形态问题。网络传播使这种倾向性更加凸显。"从来没有一种科技发展像互联网发展一样，具备如此深刻的社会与政治意义，互联网已经深深写入社会与政治过程，正悄然改变国家形态本身"。[①]"信息是标志间接存在的哲学范畴，它是物质（直接存在）存在方式和状态的自身显示"。[②]而这种显示取决于信息背后推送方所处的企业、集团、政党、民族、国家的利益诉求。因此，有信息就难免会有倾向性和意识形态属性。

在一个有着近24.4亿人使用量，每分钟在Facebook上发送超过3000万条信息，发出35万条推文的网络社交媒体上，人们尽可以展开想象的翅膀，发表自己的思想、言论，遨游信息海洋，搜索和了解自身想要了解的一切信息。这些信息一类是带有明显的商业机构、政治团体、党派主张、国家意志等看得到、摸得着的意识形态言论，由于这些团体掌控着庞大的经济和社会资源，他们的言论主张也被移置到互联网上的显著位置，

---

①白锐. 略论互联网与国家治理逻辑的再建构［J］. 社会科学战线，2016（9）：179.
②邬焜. 信息哲学对哲学的根本变革［J］. 中国人民大学学报，2016（6）：129.

成为网络信息海洋中的主流，占据着互联网上任何他们觉得是"头版头条"的位置。另一类，更多的是一些"犹抱琵琶半遮面"经过装点的意识形态信息，扮成一切都是为了你好，方便你、健康你、娱乐你、富裕你、智慧你……实际上是要催眠你、洗脑你、榨取你、赚取你。这一传播诉求的实现是通过准入和植入的规则以及潜规则来实现的。

当网络社交媒体（包括QQ、微博、微信、抖音、快手等）在为人们提供百花争艳、百家争鸣的"观点的公开市场"的同时，人们却没有关注到这些"方便提供者"的利益诉求。邓肯·H.布朗和诺尔玛·皮科尔指出，由于许多公司（比如谷歌）和社交网站（比如脸谱网）都形成了通过免费提供服务的方式来赚钱的模式，其成本事实上是通过要求用户在注册时分享个人信息并同意在使用服务时受其监控而获得补偿的。"社交网站、国家机关、雇主和上级、掌握大量个人信息的相关职业人员（医生、银行职员）、第三方应用程序都是网络侵权的主体"。①社交型APP具备"内嵌特殊规则"，表现为准入、社会控制、纪律、等级等形式，体现着产品生产者价值观念的"内嵌规则"在编程和产品更新时就已被植入。②"用户在签署服务条款时，几乎都没有阅读那些条款，便允许社交网站收集关于他们网络行为的信息。于是，社交网站便可以利用大规模的计算能力，挖掘其用户的数据、创建个人或群组的特定档案以及将这些数据出售给广告业主和数据代理商"。③"社交型APP作为目前移动智能终端APP市场中用户使用最广泛、下载次数最多的软件，影响着受众的意识形态和价值观念判断"。④

---

①徐敬宏，张为杰，李玲. 西方新闻传播学关于社交网络中隐私侵权问题的研究现状［J］. 国际新闻界，2014（10）：152.
②李桂花，贾晓旭. 意识形态视阈下的社交型APP传播及其安全维护研究［J］. 东北师大学报，2016（5）：38.
③徐敬宏，张为杰，李玲. 西方新闻传播学关于社交网络中隐私侵权问题的研究现状［J］. 国际新闻界，2014（10）：152.
④李桂花，贾晓旭. 意识形态视阈下的社交型APP传播及其安全维护研究［J］. 东北师大学报，2016（5）：36.

四、"网"不住的互联网

"人类所有的科学和哲学学科都面临着用信息范式对自身进行改造的任务，都需要增加信息认识的维度，这就导致信息范式对现有的科学和哲学必然会具有全方位改造的作用"。①在广播电视全媒体规制建设中也是如此。互联网快速发展和壮大造成了法律监管的滞后，法网"网"不住互联网信息传播实践，现有法律规制不断被撞破是现今网络规制管理的实际。立法的缺失和滞后，是网络管理混乱的根本原因。从我国媒介信息立法来看，截至目前，还只有1997年出台的《广播电视管理条例》（2017年修订），在传统媒体日渐式微，广播电视媒体加快向全媒体过渡的关键时期，这已远远不能调节和规范日渐复杂的网络传播行为。立法缺失不但使传统广播电视的许多固有问题得不到解决，还造成了更大的混乱。

"网络侵权归根结底是在侵害信息传播和信息获得的权利，这个权利的母法追究起来应是我们的新闻立法、出版立法、言论立法。我国到现在为止还没有在言论、新闻、出版、自由方面的法律。要做互联网的立法，前提必须有它的上述母法"。②一部包含广播电视在内的全媒体运营法规是引导和规范网络传播，让网络传播健康、持续、充满竞争力的保障。这部法律要至少解决全媒体时代的媒介规制的基本问题，如"用法律来确定规制目标，用法律来建构一个由规制范围、规制主体、规制方式和监督救济机制共同构成的公共规制行动结构。包括规范媒体与政府、媒体与公民各自的权利与义务，厘清非营利服务与营利性活动的界限、各自目标及分类管理政策"。③

立法缺失造成的严重后果表现在新闻媒体和采写工作一线上，就是媒体经常成为被告，而且经常败诉，记者经常被打，甚至付出生命。据一份关于以国内新闻媒体或记者为被告的侵权诉讼调查，1987—2003年，在210

---

① 邬焜. 信息哲学对哲学的根本变革［J］. 中国人民大学学报，2016（6）：132.

② 纪欣. 中国政法大学原校长江平建议尽快出台互联网母法网络国际立法期待"中国声音"［N］. 法制晚报，2015-10-29（13）.

③ 李向阳. 创新机制：发展广播电视先进文化的制度保障［J］. 现代传播，2008（11）：8.

起案例中，新闻媒体平均败诉率为63%。2004年，北京市第一人民法院审理15起新闻诽谤案，新闻媒体只胜诉1起，败诉率为93.3%。^①同时，一份关于新闻记者采访权益和人身安全保护的调查材料也让人极为不安。据全国记协2003年对9省16市进行的调研，在收回的1476份问卷中，超过半数的记者反映在采访中遭遇不同程度的阻挠、谩骂或毁坏设备等事件。2000—2005年，仅吉林省新闻记者采访时受到殴打伤害的事件不下50起，其中2005年有据可查的20起。笔者曾工作过的某市级媒体的一档收视率较高的都市电视新闻类栏目记者就在其中，该记者在采访中被打住院，采访设备被毁坏。在探望中，笔者在医院看到该记者头部、面部受伤较重，出现晕厥、恶心等症状。2004年2月，笔者曾经实习过的、当地最具影响力的某都市报专栏记者在自家楼道中遇刺身亡。记者采访权利和人身安全无法得到充分保障不只是中国面临的问题，也是世界性的。据国际记者保护协会2010年4月28日公布的信息显示，当年4月全球有17名记者因公殉职，平均每一天半就有一名记者死于新闻采访和报道工作。

立法保护的缺失和行政管理干预的随意，直接造成了信息生产和媒介市场的混乱。在网络侵权诉讼维权法律实践中，正当的权利维护往往面临投诉无门的尴尬境地。如北京电视台购买了日本电视台的《幸福家庭计划》节目版权并成功改造成为新栏目《梦想成真》，但被国内其他电视台"克隆"的维权案。"制作方向国家知识产权局申请'电视节目版式专利保护'被拒绝。之后，制作方寻求国家版权部门申请版权保护，再次遭到拒绝"。^②再如2014年1月29日，古晓菁"小星星"淘宝网店维护名誉权，要求赔偿经济损失案。"南京市秦淮区人民法院受理判决认为，'小星星'网店不具有民事主体地位，不享有名誉权，驳回起诉。南京市中级人民法院受理上诉，认为'小星星'未经工商注册，不具备法人成立条件，不能认定为享有民事权利的法人，不享受法律保护的法人的名誉权，维持

①罗斌，宋素红．中美新闻诽谤诉讼理念比较［J］．上海师范大学学报（哲学社会科学版），2007（1）：62—68.

②何鹏．论电视节目版式的著作权保护［J］．法律科学（西北政法大学学报），2016（3）：118.

原判"。①更为严重的是，网络侵权中的非法公关行为，更是有犯罪故意的恶劣行为。"一些企业或个人为了自身利益，勾结网络公关机构，做出一些损害竞争对手合法权益，以恶意的言论帖子、虚假信息来进行炒作，牟取私利的不法行为"。②此外，网络传播盛行的"网络围观""人肉搜索"等功能演化为一些网络暴力行为，肆意践踏当事人隐私权、名誉权，甚至干预司法。

五、资本逞性互联网

2020年是美国大选之年，也是世界饱受新冠疫情侵袭，人类生命财产遭受巨大损失的灾难之年。这一年里，美国逆全球化潮流而动，推行美国优先政策，挑起贸易战，退出伊核协议、中导条约和世卫组织等一系列国际合作框架、协议，重回保守主义老路。在国内抗疫失败、民族阶层撕裂、经济萎靡的背景下，新一届美国总统大选如期举行，美国国内国际矛盾在民主、共和两党"互黑"大战中，更加清晰地呈现在世界面前。特别是2021年1月6日，特朗普不甘心接受败选结果，通过个人社交账号，煽动支持者围攻国会，造成人员伤亡和社会混乱局面。随后，推特、脸书以及苹果、谷歌等美国互联网巨头联手封禁特朗普社交账号，让特朗普因此噤声。

事件发生后的几个小时里，德国、法国等欧盟主要领导人通过发言人表明自己立场。随后，俄罗斯等国也发表基本一致的声明，就是商业巨头不能代替政府、立法、政治和法律，越俎代庖式地宣判一个人"社交死亡"，何况他还是一国现任首脑。各国民众也意识到，资本和商业巨头的巨大影响已经膨胀到了"要直接决定上层建筑细节的地步"，强大的实力已让其耐不住寂寞，直接走上前台，干预政治，左右事态。资本的力量到底多大，马斯克已经用现实予以回答，从特斯拉到星际飞机，从个人要发

①田野，丛林. 虚拟网店能否享有名誉权［J］. 法庭内外，2015（8）：3—4.
②王钰瑶. 网络非法公关行为的刑法适用研究［J］. 法制与经济，2015（3）：133—134.

射10000颗卫星取代5G到火星计划，一个个商业项目周密布局并逐一实现。而2020年，中国最大的互联网企业蚂蚁金服在企业即将融资上市的最后一刻，企业负责人和高管被紧急约谈，公司暂缓上市。且不说其实际执行人马云在金融峰会批评国家金融政策对错与否，就说借助国家互联网政策扶持和国内巨大消费市场的供养，曾经的小蚂蚁迅速长大，其庞大身躯已经到了决策层要认真研究该如何让其瘦身，以解决其巨量食物来源和整个国内互联网企业生态链条良性循环的时候了。资本怪兽的故事并没有结束，2021年1月的最后几天，美国华尔街一度上演散户逼疯基金巨头的戏码，承载千禧一代美国人少年记忆的游戏驿站因经营模式陈旧，被华尔街做空基金选中，公司为改善经营，实行网络销售改革，以图自救。但华尔街资本巨头大举做空该只股票，美国千禧一代散户却大举买入，使游戏驿站股票从3美元最高上涨到483美元，上涨160多倍，在2021年1月25日前后5个交易日，更是连续上涨788.32%，做空基金2021年1月一度损失910亿美元。接下来，神奇的事情发生了，据央视财经报道，美国证券交易平台罗宾汉（Robinhood）于当地时间1月28日实施了限制措施，以阻止其应用程序的用户购买游戏驿站股票，只允许用户卖出。Facebook的扎克伯格替华尔街下场，封了散户的交易群。有股民评价华尔街巨头抱团针对散户的"拔网线、删代码、关服务器"的行为是"玩不过就掀桌子"的流氓做法。在利益受损、恼羞成怒之际，资本撤下遮羞布，随意破坏网络自由和技术中立原则，已经到了不顾吃相，不顾一切挑战政府规制和践踏公众利益的境地。

资本逞性互联网的事实已经存续相当长的时间，只不过是借助特朗普社交账号被禁事件，更加直观地摆在世界面前。据统计，我国数字经济已经占国内GDP的40%，随着国家政策鼓励和科学技术自身发展，这一比例还会提高。整个世界也已经到了由于科学技术革命带来生产力提高，进而需要进一步调整与生产力发展相适应的生产关系的时候了，总之，现有的政治秩序、经济秩序、文化秩序、社会秩序都将出现巨大的变化，但将人类经济、社会、文化未来交由少数商业巨头掌控的未知风险确实值得各国政府、学界、理论界认真思考。关于互联网规制的调整也到了刻不容缓的时刻，互联网巨头在攫取巨额商业利益的同时，也到了要承担更多相应义务的时候。根据美国1996年《通讯规范法》第230条规定："任何交互式计算机服务的提供商或者用户不应被视为另一信息内容提供商提供的任何信息的发布者和发言人。"其实质就是说，网络运营商只提供渠道和平台，承载的内容与自己无关。因此，包括国内互联网信息平台在内网络新媒体平台，也同时成了传递谣言、假新闻、商业欺诈、网络暴力、黄色信息的主要通道，但因为这则免责法律条款的存在，使其能够不承担连带责任，长期逍遥法外，甚至还纵容一些不法信息停靠网络港湾，赚取流量和点击率。因此，到了让其用庞大的财力支付版权和负起信息"把关人"责任的时候了。

从哲学、媒介和规制三个维度来解析全媒体时代，目的就是要以哲学的人文情怀、传媒学的专业思考和管理学的路径安排，来认识和把握这个大时代，这是对"前提"把握的前提和努力。

第四章　我国媒介立法与管理实践

国内广播电视全媒体法治管理从新闻立法的努力开始，到《广播电视管理条例》的制定，再到为解决有线电视、卫星电视节目竞争出现的节目庸俗化的系列应对政策，进而，到现在针对"线上"广播电视全媒体新情况、新问题而不断出台的各种规章制度。整个广播电视全媒体规制管理总体上表现出法律法规立法层级不高，规制内容严重滞后于广播电视全媒体发展实践，对冲式的临时制度出台频次过快，针对性、科学性、权威性和稳定性不够等特点。

第一节　我国新闻立法的尝试与努力

一、1949年前的新闻事业及新闻管理

按照马克思主义学说解释，有了真正意义上的"人"之后，就有了人类的传播活动。1876年，恩格斯在《劳动在从猿到人的转变中的作用》一文中提到了从猿到人经历了两个阶段：第一个阶段是"正在形成的人"阶段，分为"猿人"和"古人"（大约在300万年前至25万年前）；随后，渐次进化到第二个阶段"完全形成的人"阶段，这阶段又分为"新人"和"真人"（大约在4万年前至1.8万年前）。"真人"的出现是以语言的使用为标志的，语言出现后才有了真正意义上的"人"及人类社会。因为语言是思维的直接现实，只有语言产生并成熟以后，才有了真正意义上的人类传播活动。早期人类传播方式以口头传播、标记传播、图式（文字的前身）传播、声光传播（鼓、号角、烽火）为主；到了文字产生之后，人类传播活动得到了一次质的飞跃，信息可以通过文字保留在黏土、石头、羊

皮纸和龟甲兽骨上，远距离、长时间、大间隔的信息传播得以实现，这个时期在中国大约是奴隶社会初期，如大量出土的殷商时期的甲骨文。加拿大学者哈罗德·英尼斯在《帝国的传播》（1950）和《传播的偏向》（1951）中将人类过往的传播媒介按照偏向划分为偏向时间的媒介和偏向空间的媒介两种，偏向时间的媒介特点是耐久，可以克服时间的障碍，但不适合流通和传播，如语言、石头、黏土；偏向空间的媒介特点是经不起时间的销蚀，但轻便易携，可以克服空间限制，适合传播，如文字、纸张等。两种性质的传播媒介也带来不同的作用，偏向时间的媒介易于形成权威感，利于教会、权贵实现对社会的精神控制和政治控制；偏向空间的媒介易于知识的传递和世俗政权的建立，有利于帝国的扩张，但可能削弱中央的权威。我国文明文化历史源远流长，古代传播活动丰富，如周幽王"烽火戏诸侯"中烽火信号传播，垓下之围中"四面楚歌"的心理战，岳家军"击鼓进军、鸣金收兵"声音军令传播的使用，等等，都是中国早期人类传播方式的应用。

现考古研究证实，从盛唐时期的敦煌邸报到清末辛亥革命民国建立，中国的新闻传播活动至少有1300年的历史。早期的报纸及新闻传播活动可以从商周时期的采诗（采风）、史官（左言、右事）设置找到雏形；王安石评《春秋》，"其为断烂朝报"（断断续续的官报）；汉代各分封王在国都设"邸"，通奏报，待朝宿；以及唐代"邸报""邸吏"的出现（现存最早的邸报实物在英国大不列颠博物馆，又称"敦煌邸报"），开始了中国雏形式的早期新闻传播活动。之后，产生于北宋末年，兴起于南宋的宋代"小报"，逐渐形成以盈利为目的，由进奏官、一部分中下级官吏和书肆主人主办和经营的模式，报道官报想发未发之内容，开启了在中国报业发展中，有专职的采编人员和经营者，更加职业化的新阶段。明代天启四年（1624）出现、清代盛行的"京报"，已经开始有固定的报纸报头、名称和刊期，并有了专门的编印发行机构"报房"。此外，明朝末年，还出现了农民起义军用来宣传的"旗报""牌报"。1815年8月5日，英国传教士马礼逊和米怜创办《察世俗每月统记传》，成为中国第一份中文近代报刊。此后，1872年的外商报刊《申报》和1890年的教会报刊《万国公报》的影响更大。1872年，现代通讯社——英国路透社开始进驻中国。

中国新闻学研究有一百多年的历史。1873年，《申报》发表了《论中国京报异于外国新报》的文章，是中国最早的新闻学研究专论；1917年出版的姚公鹤所著《上海报纸小史》，是中国最早的新闻史专著；1917—1949年，留存下来并较有影响的著作有：戈公振的《中国报学史》、黄天鹏的《中国新闻事业》、林语堂的《中国报刊和舆论史》《北京报纸小史》、孙玉声的《报海潜沉录》、吴道静的《新闻史上新时代》、赵敏恒的《外人在华的新闻事业》等50多部。

中国古代对言论自由控制极其严格，周代的"道路以目"、秦代的"偶语弃市"、宋代的"谤讪弃市"、清代的"文字狱"等等，各种言禁、书禁、出版禁令十分严格。唐宋以来，随着中国报纸渐具雏形，封建王朝对仅有的报业也强化管理。唐代朝廷设立"上都邸务留后院"，777年（唐代宗大历十二年），改为"上都知进奏院"，相关官员称为"上都进奏官"，报纸称为"进奏院状"，以对邸报采写进行管理。宋太宗光国八年（983），撤销了各地进奏院，由中央直接任命进奏官，共150名。都进奏院划归门下省，属于皇帝的秘书机关，设"给事中"负责，成为朝廷新闻发布机关。到宋平宗咸平二年（999），开始实行"定本"制度，由枢密院审查后发行，这是我国中央政府新闻检查制度的开始。元代设"通政院"，明代设"通政司"来管理当时的新闻传播活动。直到清末，我国才有了专门的现代新闻出版法律。1949年前，我国主要新闻出版法有：1906年的《大清印刷物专律》，1908年的《大清报律》，1914年北洋政府的《报纸条例》《出版法》，1925年的《管理新闻营业条例》，1930年的南京国民政府《出版法》，1940年的《修正战时新闻检查标准》，1948年的《军事新闻发布实施暂行办法》，等等。

二、我国新闻立法的尝试与努力

广播电视和其他新闻媒体领域最重要的法律要属"新闻法"。按照国际惯例，我们通常把规范政府、组织、企业和个人新闻传播活动的法，称为新闻法或媒介法。新闻法是调整在新闻传播活动中的各种权利义务关系的法律，由于新闻传播活动涉及社会的政治、经济、文化、社会和个人等领域和层面，需要约束和调整的社会关系错综复杂，因此，在所有国家，新闻传播法都不是采取单一的部门规章文件形式，而是表现为全社会必须共同参与的"领域法"。由于言论自由、出版自由、新闻自由被全人类视为现代民主政治的基石，现代多数法治国家采取颁布实施专门的新闻法来保护和规范本国的新闻传播活动。联合国大会于1993年12月20日做出决定，将每年的5月3日定为"世界新闻自由日"。并在《世界人权宣言》第十九条中强调，"人人有权享有主张和发表意见的自由；此项权利包括持有主张而不受干涉的自由，和通过任何媒介和不论国界寻求、接受和传递消息和思想的自由"。[①]2017年5月3日，第24个"世界新闻自由日"，联合国秘书长古特雷斯致辞："新闻工作者置身于最危险的地方，为没有话语权的人发声。媒体工作者遭受人格侮辱、性侵犯、拘留、伤害，甚至失去生命。我们需要各国领导人捍卫新闻自由，这对反击大行其道的信息误导至关重要。我们还需要人人支持我们了解真相的权利。值此世界新闻自由日，我呼吁终止一切打压新闻记者的行为，因为新闻自由有助于为所有人实现和平与公正。当新闻记者得到我们的保护时，他们的文字和图片可以改变我们的世界。"童兵老师讲："我至今仍然坚持这样的看法：中国新闻立法的最根本目的是保护新闻自由。"[②]

党的十一届三中全会以后，新闻立法建议被提上日程。1980年，"上海代表赵超构在全国人大五届三次会议上，提出制定《新闻法》的呼吁和建议"。[③]此后，制定一部中国自己的新闻法，确保《宪法》规定的言论出版自由落到实处的工作进入政府立法视野，政府、学界和新闻行业为此努力了40年，从未间断。"纪卓如和其他两位代表在1983年召开的第六届全国人大一次会议上，正式提出了'在条件成熟时制定中

---

①罗静. 赵明范. 中国新闻立法进程回顾和探索［EB/OL］.（2006-10-13）［2019-12-26］.新闻知识.

②林爱珺. 舆论监督与法律保障［M］. 广州：暨南大学出版，2008：1.

③瞿坤. 当代中国新闻法缺位的法律思考［J］. 湖南大众传媒职业技术学院学报，2009（7）：14.

华人民共和国新闻法'的建议"。①1983年年底,我国新闻立法工作在立法操作层面得到回应。在具体推进实施上,分为人大教科文卫委员会牵头和国家新闻出版总署牵头两个阶段:1983年12月28日,中宣部新闻局钟沛璋起草《关于着手制定新闻法的请示报告》,提出由人大教科文卫委员会牵头,胡继伟同志负责,组成起草小组。1984年1月17日,时任全国人大常委会委员长彭真签批"同意"。1984年5月,成立由全国人大教科文卫委员会同中国社会科学院新闻研究所共同组织的"新闻法研究室",出版内部刊物《新闻法通讯》。1985年,新闻法研究室拿出《中华人民共和国新闻法(草案)》第三稿。1986年11月,上海的新闻法起草小组拿出《上海市关于新闻工作的若干规定(征求意见稿)》。这两个标志性成果也标志着由人大教科文卫委员会牵头的新闻法研究室起草阶段目标完成。

1987年,正式进入新闻出版总署起草阶段。标志性事件是1987年年初,国家新闻出版总署成立,根据部门分工,承担"起草关于新闻、出版的法律、法令和规章制度"的职能,全国人大教科文卫委员会对新闻立法只进行研究,不负责起草。因为有了上一阶段的准备和积累,新闻出版总署很快有了进展。1987年7月,新闻出版总署完成《中华人民共和国新闻出版法(送审稿)》,送到国务院请求审查。1989年1月,新闻出版总署拿出《新闻法》和《出版法》两个新草案。至此,开始于1980年,持续9年的我国新闻立法文件起草工作取得阶段性成果。"但进入90年代以来,新闻立法实际上处于停滞状态。与此同时,有关新闻及舆论监督立法的问题一直是全国人大代表立法议案、全国政协委员立法提案的重点"。②经过近20年的相对沉寂,有关我国新闻立法的最新进展是2015年3月7日,国家新闻出版总署原署长、全国人大常委会委员柳斌杰介绍,全国人大正研究新闻传播立法,本届人大内有望提交审议。但最终并没有兑现,人们并没有听到在该次人大会议上有关新闻法提交审议的任何消息。我国命运多舛的新闻

---

①翁惠娟. 纪卓如对全国两会有话说——尽快出台新闻法[N]. 深圳特区报, 2010-03-02(A02).

②孙旭培. 三十年新闻立法历程与思考[J]. 炎黄春秋, 2012(2): 1.

法立法工作又一次归于平静。

表4-1 1980—2020年新闻立法大事年表

年 份	倡议及实施单位（个人）	主要工作内容
1983年	纪卓如等三位全国人大代表	在第六届全国人大一次会议上，正式提出了"在条件成熟时制定中华人民共和国新闻法"的建议。
1984年1月3日	中宣部新闻局	提出《关于着手制定新闻法的请示报告》，对立法的具体操作提出建议。
1984年5月	首都新闻学会理事会	宣布成立由全国人大教科文卫委员会同中国社会科学院新闻研究所共同组织的"新闻法研究室"。出版不定期的内部刊物《新闻法通讯》，广泛地征求意见和收集材料。
1985年	新闻法研究室	拟出《中华人民共和国新闻法（草案）》第三稿。
1986年11月	上海的新闻法起草小组	《上海市关于新闻工作的若干规定》（征求意见稿）。
1987年	中共中央	确定由新闻出版总署负责"起草关于新闻、出版的法律、法令和规章制度"。从此，全国人大教科文卫委员会对新闻立法只进行研究，不负责起草，新闻法研究室起草新闻法的使命到此结束。
1987年7月	国家新闻出版总署	《中华人民共和国新闻出版法》（送审稿），送到国务院请求审查。
1989年1月	国家新闻出版总署	拿出《新闻法》和《出版法》两个新草案。
1990—2014年		新闻立法实际上进入停滞状态。
2015年3月8日	国家新闻出版总署原署长、全国人大常委会委员柳斌杰	全国人大已经在研究新闻传播立法，今后凡是属于公共新闻传播范畴的，包括互联网新闻服务等，都将纳入新闻法管理中来，不过自媒体这一传播形式暂不会纳入。

中国政法大学终身教授、七届全国人大宪法和法律委员会副主任江平在2015年10月24日举行的第一届中国互联网法治大会上，再次发出"互联网法治呼吁母法尽快出台"的呼声。并分析了我国新闻法久立不决的原因，"其（新闻法）之所以难以产生，问题在于对自由和管制的关系处理上始终没有达成共识。正确的处理是对信息的取得和信息的传播来说，应

该说还是应当以自由为主，以管理为辅，不能够反其道而行之，变成了管理为主、自由为辅，那就不符合私权的精神，私权的精神仍然要强调自由为主，管理为辅，我们不能够在制定互联网有关的法律方面采取太多限制自由的手段，这不符合我们强调的互联网权利性质的特点。这涉及综合性立法和部门性立法的问题。综合性立法可以是一部互联网的立法，将互联网的一些基本权利、基本原则写在上面，也可以是'互联网+'之后的部门法律"。

第二节　碎片式法治管理难以形成信仰式的统一行动

一、广播电视全媒体时代的新闻生产过程与特性

网络时代广播电视全媒体"网状结构"传输和"节点化"生存的特点使传统广播电视生产经营方式发生根本性改变，以个人链接、场景营造和关系建立为目的的内容生产成为这个时代媒介传播最主要特征。与之相对应的广播电视管理政策规章也应顺应这种生产经营特点，做好调整和改革，以形成有利于调动数字技术、人工智能、大数据、5G传输等各个产业部门投资广播电视全媒体产业积极性，促进广播电视内容生产、公平竞争和可持续发展的政策环境。

广播电视全媒体节目的生产是以个人为中心的个人链接式的生产过程。大众媒体传播不再以大众传播媒介为中心，延续我传你收的单向度传播，而是要以节点上的每个个体的好恶为方向标，运用大数据分析每个节点（受众）的需求和喜好，挖掘数据资源，做好精准推送。受众的使用满足需求成为最大需求，大众传媒要依据用户实际使用反馈数据，决定选题，开展内容生产，并要赢得网络爬虫（搜索引擎）的青睐，争取受众选择内容分发机遇，实现有效传播。这种以受众为中心，以广告商为标准的广播电视节目内容生产势必有过度迎合商业市场的倾向，需要在包括新闻生产在内的广播电视全媒体规制政策方面做相应调整，以平衡政治利益、

市场利益、公共利益三者之间关系，预防广播电视全媒体内容传播在维护政治秩序、社会稳定、做好文化传承的社会责任中，不出现过度娱乐化、媚俗的倾向。

广播电视全媒体传播形式是"场景"营造和代入沉浸式的阅读。当算法、大数据、5G和人工智能技术将人类认知世界里最后一块现实"虚拟"完毕，现在的VR和虚拟头盔将会让人们以更加便捷灵活的方式（如尼戈洛庞蒂预测的眼睛或是内置在人体内的其他智能产品）获取信息与外界交流。参与式、沉浸式的阅读将成为人类传播的新常态。"网红""网络直播带货"只是开胃小菜，以共同价值观和人文背景为基础的稳定持续的网络人群和网络新社区才是取得传播效果的关键，家族群、同学群、办公群、车友群、发烧友群等不同的分层让受众在心理上有着不同的认同，分众化、对象化传播成为重点。广播电视全媒体规制在对传媒、广告商进行监管的同时，不能忽略对归属不同社会组织、单位、团体的组织传播作用的发挥和引导。

广播电视全媒体传播是要接通媒体与整个社会系统的沟通联络。PGC（专业原创内容）和UGC（User-Generated Content，用户原创内容）会在广播电视全媒体上相遇相知，也会相爱相憎。这种相遇与贯通全面打开了传媒在整个社会系统与其他社会因子联系的所有渠道，敞开自己，也进入别人的世界。因此，广播电视全媒体规制在调节固有传播关系的同时，也必须能够调节其可以打通的与之相关的其他社会关系。1982年，传播学泰斗施拉姆来中国大陆访问时曾大胆预言"100年内，现有的政治学、社会学、心理学等人文社会科学将走向融合，最终融合为一个学科，而传播学将成为这一学科的基础学科"。这一预测对传媒法制管理超前谋划具有一定的启示作用。

二、碎片式监管难以适应广播电视全媒体生产实际

目前，我国广播电视规制管理法律层级较低，还没有《新闻法》和专门的《广播电视法》。在广播电视司法和行政执法实践中，法律层

面对广播电视的规定都是散见于其他大法和基本法律之中。特别是在网络传播时代，"线上"广播电视新媒体信息传播中违法行为发生频次较高的侵犯肖像权、隐私权、著作权、版权、知识产权和网络欺诈、非法广告营销等行为多要依赖《中华人民共和国民法》《中华人民共和国刑法》等大法和《中华人民共和国广告法》《中华人民共和国著作权法》等综合性法律法规解决，这些传统法律既没有足够关照到网络时代和新媒体特性，对新媒体规范的司法解释和调节严重滞后，不能够有效覆盖住广播电视全媒体传播实践。传统媒体和网络媒体上存有大量现有法律没有明确规制的信息传播侵权行为，由于法律的空白造成企业和个人合法权益得不到有效保护。如北京怡通广告公司和北京电视台"'梦想成真'电视节目版式专利保护申请被拒案"，北京怡通广告公司和北京电视台购买了日本电视台《幸福家庭计划》的节目版权，并本土化改造成了新栏目《梦想成真》，但由于节目被国内电视机构"克隆"，制作方向国家知识产权局申请"电视节目版式专利保护"被拒绝。之后，制作方寻求国家版权部门申请版权保护，再次遭到拒绝。版权部门做出不予版权保护的理由是，"除了《梦想成真》和其母版《幸福家庭计划》的图案可以申请保护外，其他如游戏方法、规则、节目形式等创意性的东西不能进行保护。因为创意属于思想的范畴，著作权只保护表达方式，不保护思想"。[①]如《中华人民共和国广告法》对媒介烟草广告的规范，中华人民共和国广告法第18条规定"禁止利用广播、电影、电视、报纸、期刊发布烟草广告"。但在媒介市场上，门户网站、QQ、微博、微信、抖音、快手、手机电视、车载电视、楼宇电视、平板电脑、LED大屏等媒介已经远远超出原有传统大众媒体的范围，旧有法律并没有及时调整，及时把新媒体纳入进来。如2014年1月29日，古晓菁"小星星"淘宝网店被苏州一家化妆品有限公司举报其所代理的'美伊娜多'品牌116个产品为假货，古晓菁因此被处罚。但事实并非如此，古状告苏化侵

---

①何鹏. 论电视节目版式的著作权保护［J］. 法律科学（西北政法大学学报），2016（3）：118.

犯其名誉权，要求恢复名誉，赔偿122939.47元经济损失。南京市秦淮区人民法院判决认为，"小星星"网店不具有民事主体地位，不享有名誉权，驳回起诉。南京市中级人民法院受理上诉，认为"小星星"未经工商注册，不具备法人成立条件，不能认定为享有民事权利的法人，不享受法律保护的法人的名誉权，维持原判。

近些年，密集出台的《中华人民共和国网络安全法》《中华人民共和国电子签名法》《全国人民代表大会常务委员会关于加强网络信息保护的决定》《全国人民代表大会常务委员会关于维护互联网安全的决定》等部门法主要关注的是安全、禁忌和不允许的方面，对网络媒体鼓励扶持和创新成长方面的研究和规范不够。随着网络传播时代的到来，线上广播电视全媒体日益成为主流媒体，截至2020年11月，我国网络视音频用户已超过8.88亿人，"腾讯、阿里、抖音、微信已经发展成为全球性的数字内容企业。数字内容产业具有转方式、调结构、促消费、扩就业的独特作用，大力发展和壮大数字内容产业是推进供给侧改革，培育形成新供给、新动力的重要举措"。①但网络传播得不到强有力的法律保护，网络视音频内容监管主要依赖《广播电视管理条例》和文旅部、广电总局、新闻出版局、国家网信办和中宣部等一些部门的规章和临时性通知来约束，动态性、随意性极大，发挥不了法律的稳定性和权威性规制效果。在法律所要规制的对象那里，混乱、繁杂、碎片式的新闻法律法规难以形成类似信仰式的严格遵守的统一行动。除了《电影产业促进法》（2017年3月1日起实施）外，我国目前仍没有出台专门的新闻法、出版法、广播电视法，广播电视全媒体信息传播管理只能在夹缝中艰难地寻找法律依据，这必将严重影响整个行业可持续健康发展。

立法空白客观上纵容了网络侵权行为的发生，企业、个人不再寻求法律保护，转而寻找其他手段解决，或者直接"以恶制恶"，催生了一种特殊的网络不法行为——"网络非法公关"，进而，使网络信息传输脱离法

①马化腾. 关于充分发挥数字内容产业竞争力，掌握全球文化产业主导权的建议［EB/OL］.（2017-03-04）［2019-12-26］. 搜狐网.

律和政府规制，自利的民间和社会性网络不法公关手段，毫无底线、毫无畏惧、相互诋毁，严重地扰乱了整个网络信息传播市场。"网络非法公关是指一些企业或个人为了自身利益，勾结网络公关机构，做出一些损害竞争对手合法权益，以含有恶意言论的帖子、虚假信息来进行炒作，牟取私利的不法行为。其危害：破坏社会秩序，威胁媒体公信力，损害公民合法权益，侵犯公民知情权，影响社会公共利益，是对文明诚信的道德观的否定"。① "其主要的违法行为有，利用网络侵害商业信誉、商品声誉；利用互联网诈骗；利用互联网诽谤；利用互联网受贿（删帖公司）；利用互联网发布虚假广告等"。② "网络侵权归根结底是在侵害信息传播和信息获得的权利，这个权力的母法追究起来应是我们的新闻立法、出版立法、言论立法。我国到现在为止还没有在言论、新闻、出版、自由方面的法律。要做互联网的立法，前提必须有它的上述母法"。③ 包括广播电视全媒体在内的网络侵权行为泛滥和执法的无力，归根结底是信息传播母法的缺失。

"碎片式"的法律监管和以部门规章为主的监管经常因管理"文不对题"和它的随意性而广受质疑。如广电总局对湖南卫视举办的《超级女声》和《快乐男声》等选秀节目，先是处以"取消短信投票，不能在黄金时段播出，只能在晚上10点以后播出"的决定，接着又出台各种限制性政策，如，"未满18岁不许报名，评委不得让参赛选手难堪，同一时段不能超过三个选秀节目"，等等。这些缺乏恒定性的"权宜之策"更容易随着社会政治经济的变迁而"随机应变"，当不确定性成为制度实施的决定因素时，当制度实施机制缺乏完善的体系性、严密性和规范的操作时，两种后果就会出现：一是对制度的曲解或滥用；二是对制度的利用或践踏，将非制度的措施上升为正式制度或通过"非正式"的示范方式，即实际上否定制度的严肃性，从而改变制度本身。④

---

① 田野，丛林. 虚拟网店能否享有名誉权 [J]. 法庭内外，2015（8）：3—4.
② 王钰瑶. 网络非法公关行为的刑法适用研究 [J]. 法制与经济，2015（3）：133.
③ 江平. 互联网法治呼吁母法的尽快出台 [EB/OL]. （2015-10-28）[2019-12-12]. 中闻律师事务所.
④ 刘军茹. 论我国媒介规制的现实困境及制度原因 [J]. 国际新闻界，2008（2）：71.

第三节　规制层级过低难以打破媒介之间的行业壁垒

广播电视规制管理的政策法律依据主要有五类：法律、法规、部门规章、规范性文件和国际公约，截至2017年5月2日，原国家新闻出版广电总局官网对外公布的政策法规有：法律为0个，法规9个，部门规章17个，规范性文件22个，相关国际公约3个。除3个国际公约外，法律、法规、部门规章和规范性文件0：9：17：22的数量对比，表现出法律规章管理层级与数量的反比关系，部门规章成为规制广播电视新媒体的主要手段。截至2016年年底，对线上广播电视全媒体（网络视听节目）内容监管主要依据广播电视部门和信息产业部门出台的《广播电视管理条例》《互联网等信息网络传播视听节目管理办法》《互联网视听节目服务管理规定》以及2016年出台的《微博、微信等网络社交平台传播视听节目的管理规定》和《关于加强网络视听节目直播服务管理有关问题的通知》五个部门规章来管理规范，这些规制可以简单地归纳为"许可证制度"（无证、有证两种）和内容监管两种。

一、新闻宣传行业准入管理

1. 对无证（未经许可）从事网络视听服务行为的处罚规定

关于"查处擅自从事信息网络传播视听节目服务的行为"的表述：查处依据为《互联网等信息网络传播视听节目管理办法》《互联网视听节目服务管理规定》。

具体表述：《互联网视听节目服务管理规定》第二十四条，"擅自从事互联网视听节目服务的，由县级以上广播电视主管部门予以警告、责令改正，可处以3万元以下罚款；情节严重的，根据《广播电视管理条例》第四十七条的规定予以处罚"；《广播电视管理条例》第四十七条，"违反本条例规定，擅自设立广播电台、电视台、教育电视台、有线广播电视传输覆盖网、广播电视站的，由县级以上人民政府广播电视行政部门予以取缔，没收其从事违法活动的设备，并处投资总额1倍以上2倍以下的罚款"；"擅自设立广播电视发射台、转播台、微波站、卫星上行站的，由县级以上人民政府广播电视行政部门予以取缔，没收其从事违法活动的设备，并处投资总额1倍以上2倍以下的罚款"。值得注意的是《广播电视管理条例》第四十七条后半部分的表述，"或者由无线电管理机构依照国家无线电管理的有关规定予以处罚"。[①]

2016年12月19日，国家新闻出版广电总局发布《微博、微信等网络社交平台传播视听节目的管理规定》，利用微博、微信等各类社交应用开展互联网视听节目服务的网络平台，应当取得《信息网络传播视听节目许可证》（AVSP）等法律法规规定的相关资质，并严格在许可证上载明业务范围内开展的业务；利用微博、微信等各类网络社交平台传播的电影、电视剧，相关影视剧应当具有《电影片公映许可证》或《电视剧发行许可证》；利用微博、微信等各类网络社交平台传播的网络剧、网络电影、新闻节目、纪录片、专题片、综艺节目等视听节目，节目内容应当符合互联网视听节目管理的相关规定。微博、微信等网络社交平台不得转发网民上传的自制时政类视听新闻节目。这样，就将网络社交媒体无证提供视音频服务的行为纳入管理之中。

2. 对有证（经许可）未按许可范围从事网络视听节目服务行为的管理规定

第一，对"未按照《信息网络传播视听节目许可证》载明或备案的事项从事互联网等信息网络传播视听节目业务的行为或违规播出时政类视听新闻节目的行为"的查处：《互联网等信息网络传播视听节目管理办法》二十六条，"由县级以上广播电视行政部门责令停止违法活动、给予警告、限期整改，可以并处三万元以下的罚款：构成犯罪的，依法追究刑事责任"；《互联网视听节目服务管理规定》二十四条，"由县级以上广播电影电视主管部门予以警告、责令改正，可并处3万元以下罚款；情节严重的，根据《广播电视管理条例》第五十条之规定予以处罚"；《广播电视

---

①国家新闻出版广电总局. 广播影视行政执法使用手册［M］. 2014：108—109.

管理条例》第五十条，"由县级以上人民政府广播电视行政部门责令停止违法活动，给予警告，没收违法所得，可以并处2万元以下的罚款，情节严重的，由原批准机关吊销许可证"。

第二，对"擅自变更《信息网络传播视听节目许可证》载明事项、持证机构注册资本、股东和持股比例的行为"的查处：从《互联网等信息网络传播视听节目管理办法》第二十六条。

第三，对"持有《信息网络传播视听节目许可证》的机构终止业务违反相关规定的行为"的查处：《互联网等信息网络传播视听节目管理办法》第十六条"持有《信息网络传播视听节目许可证》的机构需终止业务的，应提前六十日向原发证机关申报，其《信息网络传播视听节目许可证》由原发证机关予以公告注销"；《互联网视听节目服务管理规定》第十三条"互联网视听节目服务单位应当在取得《许可证》90日内提供互联网视听节目服务。未按期提供服务的，其《许可证》由原发证机关予以注销。如因特殊原因，应经发证机关同意。申请终止服务的，应提前60日向原发证机关申请，其《许可证》由原发证机关予以注销。连续停止业务超过60日的，由原发证机关按终止业务处理，其《许可证》由原发证机关予以注销"。

第四，对"向未持有《信息网络传播视听节目许可证》的机构或备案的单位提供与传播视听节目业务有关服务的行为"的查处：从《互联网等信息网络传播视听节目管理办法》第二十六条，《互联网视听节目服务管理规定》第二十三条，"违反本规定，有下列行为之一的，由县级以上广播电视行政部门予以警告、责令改正，可并处3万元以下的罚款；同时，可对其主要出资者和经营者予以警告，可并处2万元以下罚款……含（七）未履行查验义务，或向互联网视听节目服务单位提供其《许可证》或备案载明事项范围以外的接入服务的……"。

第五，对"变更注册资本、股东、股权结构，或上市融资，或重大资产变动时，未办理审批手续的行为"的查处：从《互联网视听节目服务管理规定》第二十三条。

第六，对"未经用户同意，擅自泄露用户信息秘密的行为"的查处：

从《互联网视听节目服务管理规定》第二十三条。

第七，对"互联网视听服务单位在同一年度内三次出现违规行为的行为"的查处：从《互联网视听节目服务管理规定》第二十三条。

第八，对"以虚假证明、文件等手段骗取《信息网络传播视听节目许可证》的行为"的查处：从《互联网视听节目服务管理规定》第二十三条；有此行为的，发证机关应撤销其《许可证》。

第九，对"拒绝、阻挠、拖延广播电影电视主管部门依法进行监督检查或者在监督检查过程中弄虚作假的行为"的查处：从《互联网视听节目服务管理规定》第二十三条。

二、新闻宣传内容生产管理

对"通过信息网络传播含有禁止内容的视听节目的行为"的查处：《互联网等信息网络传播视听节目管理办法》第十九条，"禁止通过信息网络传播有以下内容的视听节目（一）反对宪法确定的基本原则的；（二）危害国家统一、主权和领土完整的；（三）泄露国家秘密、危害国家安全或者损害国家荣誉和利益的；（四）煽动民族仇恨、民族歧视，破坏民族团结，或者侵害民族风俗、习惯的；（五）宣扬邪教、迷信的；（六）扰乱社会秩序的，破坏社会稳定的；（七）宣扬淫秽、赌博、暴力或者教唆犯罪的；（八）侮辱或者诽谤他人，侵害他人合法权益的；（九）危害社会公德或者民族优秀文化传统的；（十）有法律、行政法规和国家规定禁止的其他内容的"；处罚从《互联网等信息网络传播视听节目管理办法》第二十六条，《互联网视听节目服务管理规定》二十四条，《广播电视管理条例》第四十九条之规定予以处罚；《广播电视管理条例》第四十九条，"违反本条例规定，制作、播放、向境外提供含有本条例第三十二条规定禁止内容的节目的，由县级以上人民政府广播电视行政部门责令停止制作、播放、向境外提供，收缴其节目载体，并处以1万元以上5万元以下的罚款；情节严重的，由原批准机关吊销许可证；违反治安管理规定的，由公安机关依法给予治安管理处罚；构成犯罪的，依法追究刑事责任"。

对"利用互联网等信息网络传播境外广播电视节目，转播非法开办的广播电视节目的行为"的查处：从《互联网等信息网络传播视听节目管理办法》第二十六条。

对"未履行保留节目记录、向主管部门如实提供查询义务的行为"的查处：从《互联网等信息网络传播视听节目管理办法》第二十六条；《互联网视听节目服务管理规定》第二十三条。

对"非法链接、集成境外广播电视节目以及非法链接、集成境外网站传播的视听节目的行为"的查处：从《互联网等信息网络传播视听节目管理办法》第二十六条。

对"转播、链接、聚合、集成非法的广播电视频道和视听节目网站内容的行为"的查处：《互联网视听节目服务管理规定》第二十四条，"由县级以上广播电影电视主管部门予以警告、责令改正，可并处3万元以下罚款；情节严重的，根据《广播电视管理条例》第五十一条之规定予以处罚"。《广播电视管理条例》第五十一条"违反本条例规定，由下列行为之一的，由县级以上人民政府广播电视行政部门责令停止违法活动，给予警告，没收违法所得和从事违法活动的专用工具、设备，可以并处2万元以下的罚款；情节严重的，由原批准机关吊销许可证：（一）出租、转让频率、频段，擅自变更广播电视发射台、转播台技术参数的；（二）广播电视发射台、转播台擅自播放自办节目、插播广告的；（三）未经批准，擅自利用卫星方式传输广播电视节目的；（四）未经批准，擅自以卫星等传输方式进口、转播境外广播电视节目的；（五）未经批准，擅自利用有线广播电视传输覆盖网播放节目的；（六）未经批准，擅自进行广播电视传输覆盖网的工程选址、设计、施工、安装的；（七）侵占、干扰广播电视专用频率，擅自截传、干扰、解扰广播电视信号的"。

对"开办机构的法定代表人、节目总编或节目审查员未履行应尽职责，出现三次以上违规内容的行为"的查处：《互联网等信息网络传播视听节目管理办法》，"由省级以上广播电视行政部门对开办机构予以警告，可以并处1000元以下罚款"。

对"擅自在互联网上使用广播电视专有名称开展业务的行为"从《互联网视听节目服务管理规定》第二十三条。

对"未建立健全节目运营规范，未采取版权保护措施，或对传播有害内容未履行提示、删除、报告义务的行为"的查处：从《互联网视听节目服务管理规定》第二十三条。

对"未在播出界面显著位置标注播出标识、名称、《信息网络传播视听节目许可证》和备案编号的行为"的查处：从《互联网视听节目服务管理规定》第二十三条。

对"进行虚假宣传或者误导用户的行为"的查处：从《互联网视听节目服务管理规定》第二十三条。

对"擅自插播、截留视听节目信号的行为"的查处：《互联网视听节目服务管理规定》第二十四条"由县级以上广播电影电视主管部门予以警告、责令改正，可并处3万元以下罚款；情节严重的，根据《广播电视管理条例》第五十一条规定予以处罚"。《广播电视管理条例》第五十一条，"由县级以上人民政府广播电视行政部门责令停止违法活动，给予警告，没收违法所得和从事违法活动的专用工具、设备，可以并处2万元以下的罚款；情节严重的，由原批准机关吊销许可证"。

在上述违规行为中，除关于查处"利用互联网等信息网络传播境外广播电视节目，转播非法开办的广播电视节目的行为"外，其他违规行为都有按《互联网视听节目服务管理规定》第二十七条"互联网视听节目服务单位出现重大违法违规行为的，除按有关规定予以处罚外，其主要出资者和经营者自互联网视听节目服务单位受到处罚之日起5年内不得投资和从事互联网视听节目服务"规定执行的附加条款。

上述法规条文是对当前我国线上广播电视全媒体违规行为主要查处依据，我们可以看到，对同一类行为的查处涉及四部行业规章，《广播电视管理条例》《互联网等信息网络传播视听节目管理办法》《互联网视听节目服务管理规定》《微博、微信等网络社交平台传播视听节目的管理规定》；两大传播门类，传统广播电视媒体（线下广播电视新媒体）和网络视听新媒体（线上广播电视新媒体）；两大行业主管部门，广播电视部门和信息产业部门。在不同的条例、办法和规定中的管理主体表述上也不一致，如在《广播电视管理条例》中的管理主体的表述为"县级以上人民政府广播电视行政部门"；在《互联网等信息网络传播视听节目管理办法》中的管理主体的表述为"县级以上广播电视行政部门"；在《互联网视听节目服务管理规定》中的管理主体的表述为"县级以上广播电影电视主管部门"。

第五章　我国广播电视全媒体法治管理分析

自2014年"媒介融合元年"以来，推进"媒体融合"，迎接全媒体时代，成为国内理论研究和实践推动层面日趋一致的共识。报纸广播电视主流媒体加快进入网络主阵地的使命感和紧迫感不断增强。但在广播电视台数字高清改造、"中央厨房"建设、广播电视"两微一端"的入网努力后，广播电视媒体的宣传影响和舆论引导能力的现实表现，与成为网络"主阵地""主流话语""第一传媒"的预期，仍存在巨大差距。

第一节　我国广播电视全媒体法治管理的学理分析

一、广播电视宣传从"一家独大"到"三分天下"

"新时代"于媒介（信息）传播来讲，就是全媒体时代和智媒传播的时代。由互联网催生出来的这场传媒革命，日渐清晰地锻造出全程媒体、全息媒体、全效媒体，改变了包括报纸、广播电视在内的传统新闻媒体一统天下的格局。网络时代的到来，特别是传播渠道的解放、交互性传播和对等式互动打破了大众传媒垄断信息传播的格局，使政府、组织、商业团体和民众个体得到与传统新闻媒体相同的信息传播权力，加之这些后起之秀发端于草根，成长于旷野，更加亲民，更加易于被接受。人类信息传播也由此从原来传统新闻媒体"一家独大""一统天下"的传播格局，分化为官办新闻媒体、商业信息平台（商业网站）和自媒体三种传媒并立的局面。传统新闻舆论场被分割为新闻舆论场、民间舆论场和官方舆论场，这三个舆论场相对独立、相互影响、相互制约、相互竞争。新闻舆论场、官方舆论场因其代表政府政策主张和人民意愿，使其在信息传播中，更加重视对公共利益的保护和公众权益的保障。民间舆论场背后是资本和商业集团在运作，因此，更加关心效益和市场收益。在网民和受众这里，官方舆论场信息内容是严肃、权威、可信的，但没有摆脱表现形式呆板、迟缓和木讷的缺陷；民间舆论场传递信息内容丰富、灵活，推送内容贴心并有针对性，但掩盖不住其过于迎合消费者逐利本质，官方舆论场与民间舆论场相互制约又相互合作。

复旦大学朱春阳教授较早使用"官方舆论场"和"民间舆论场"的概念，并对两个舆论场特征做了概括，提出政府信息发布和宣传活动要做好两个舆论场的协同，注意彼此借势、相互弥补的工作，以便更好地发挥政务新媒体功能的主张和建议。国家新型冠状病毒性肺炎专家组成员、中国传媒大学媒介与公共事务学院院长董关鹏教授对官方舆论场在突发事件中如何拟定和形成官方信息（口径），如何发布信息，如何跟踪把握宣传效果做了实证研究。武汉大学的高晓虹在分析媒介融合背景下传统媒体舆论引导面临的困境时指出，"在传统的'主流媒体舆论场'之外，互联网上形成了'民间舆论场'，对主流舆论话语进行解构和重读，一方面表现为对官方媒体、社会名人的批评或带有讽刺性质的移植、套用、修改或是歪曲；另一方面则表现为带有明显主观色彩地对史实和历史观点进行重新发现和修正"，这些行为迎合网民负面情绪，由此形成持续时间长短不一的舆论新焦点。[1]在媒介融合深入推进，新媒体影响不断加大，传统媒体加快转型关键时期，三位学者的观点为政府舆论引导做了概念界定和总体特征归纳，给出过渡期政府机构如何借助主流媒体做好主流舆论宣传的路径和建议，同时，在理论研究方面的价值和启发在于将广播电视舆论传播放置于"舆论场"这个系统的生态环境下进行研究，既有利于广播电视工作者按照系统论的理论和规律，总体认识和改进舆论宣传整体生态，在更广阔的视域内（全球传播、对外传播），研究如何做好自身信息传播工作。

---

[1]高晓虹. 媒体融合背景下传统媒体舆论引导面临的困境与出路［J］. 新华文摘，2016（1）：146.

二、网络时代突发事件中的民众媒介选择和媒介影响力调查

2020年1月23日—2月23日，中国在新冠病毒疫情暴发的最初一个月里，"居家隔离""弹性工作""网络办公"使14亿人"共宅家中"，全体人民都在依靠传播媒介与外部保持联系，这个月也因此成为传播学研究中的一个特殊时刻。这期间广播电视新闻媒体、商业网站、民间自媒体作用表现和受众实际接受情况，是开展全媒体时代广播电视舆论传播力、引导力、影响力、公信力研究的一个重要参数，具有特殊意义和价值。2020年2月23日，笔者组织设计了《2020年新冠肺炎防疫居家弹性工作期间（1月23日—2月23日）个人使用媒介情况调查问卷》，共发出700份，回收有效答卷565份。受访者中男性292人，女性273人。受访对象对"居家隔离"期间使用报纸、广播、电视、政府网站、门户网站、自媒体和APP平台等情况做了回答。调查较为全面、真实地反映出受众对所调查媒介的使用情况、态度和看法。

结论如下：

第一，"居家隔离"期间，受访对象比平时更加关心和关注外部信息（特别是有关疫情进展和国家防治措施的信息成为每日必选）。因而，接触和使用媒介活跃度更高，但广播电视新闻媒体并不是受众了解疫情信息的主要媒介选择。反馈调查数据信息显示：受访对象对所给出的钟南山、李兰娟、张伯礼、陈薇、张文宏、李文亮、高福、方方和"黄冈卫健委主任唐志红在中央督查组询问中一问三不知""白酒可杀死新型冠状病毒性肺炎病毒""湖北电影制片厂导演常凯一家4口感染新型冠状病毒性肺炎去世""山东任城监狱200人确诊感染新型冠状病毒性肺炎"等疫情热点人物、热点事件平均知晓率分别为18.47%和29.19%。这其中，仅有2.92%和14.6%的调查对象是通过广播媒介和电视媒介获取到相关信息的。

第二，电视媒体的舆论公信力要强于其传播力，与获取疫情信息媒介选择相比，使用电视作为验证信息真伪媒介的调查对象比率高于把电视作为获取信息来源的比率，前者为24.26%，后者为14.6%，高出9.66个百分

点；同时，电视媒体疫情信息报道认可率也高于其作为获取信息媒介的比率，为21.32%，高出6.72个百分点，接近认可率最高的自媒体的25.74%。

第三，广播电视媒介主动接触率不高，使用者的媒介忠诚度（依赖性和使用时长）总体不高。但大多数调查对象都接受广播电视信息的"准确可信"，并将其作为可靠信息的主要来源。其中，广播被当作主动接触媒介的选择比率为2.92%，100%选择广播的调查对象接触广播的理由选择了广播信息"准确可信"；75%选择广播的调查对象日均接触广播媒介时长为2个小时以下，100%选择广播的调查对象将广播作为主要了解外部新闻信息的媒介，50%选择广播调查对象对广播舆论宣传表示满意。电视被当作主动接触媒介的选择比率为16.79%；77.27%的电视观众接触理由选择了"准确可信"；54.55%的观众日均收看长度在2个小时以下；81.82%的观众主要使用电视了解外部新闻信息；68.18%的观众对电视舆论宣传表示满意。

第四，以新媒体为代表的民间舆论场的传播力更强、受众忠诚度更高，但公信力较低，满意度不高。主动接触率最高的媒介是APP信息平台，达到全部调查对象的43.8%，其中，74.58%的使用者接触理由为APP信息平台"快速及时"、52.54%选择其"使用方便"，但仅有16.95%把"准确可信"作为选择APP信息平台的理由；67.27%选择APP信息平台的调查对象日接触媒介时间为2—4小时，5.45%在6个小时以上；在选择使用目的方面，选择APP平台调查对象中的48.33%的样本选择"阅读学习"，45%的样本选择"休闲娱乐"，46.67%的样本选择"沟通联络"，使用目的远较广播电视多样；在浏览的主要内容方面，61.67%的样本选择"新闻信息"，48.33%的样本选择"聊天娱乐"，38.33%的样本选择"生活服务信息"，浏览内容远较广播电视丰富；选择APP平台调查对象中的40%的样本对APP平台表示满意，低于选择广播调查对象媒介满意度10个百分点，低于选择电视调查对象媒介满意度28.18个百分点。

第五，电视媒介最被调查对象所信任，APP信息平台最被调查对象所喜爱，报纸被调查对象认为最为脱离实际，APP信息平台同时最为调查对象寄予厚望。在媒介评价调查中：24.82%调查对象选择电视作为最信任媒介，与政府网站并列第一;44.53%的调查对象选择APP信息平台作为最喜爱媒介;62.77%的调查对象认为报纸是最为脱离实际媒介;50.36%的调查对象认为APP信息平台是最有发展前景的媒介。

第六,在媒介寄语中,调查对象所描绘的理想媒介的样子是:内容提供方面(信息价值),"快速"提及率最高,紧随其后的是准确、真实、丰富、权威、重要、有趣等信息价值诉求也多有提及;在渠道供给(使用价值)方面,"方便"成为调查对象最高需求,紧随其后的是普及、简易;在技术引领(美学价值)方面,一屏即知、人工智能、虚拟现实位列前三,也有美观、新颖和舒适等审美需求;在媒介信仰(思想价值)方面,开放、自由、公正位列前三;在生态和谐(社会价值)方面,绿色、健康、安全、隐私、信任、包容都有所提及。

本次媒介使用情况调查有如下五大特点:

第一,反应最为及时,测试环境就是真实环境。第一时间确定了调研题目,设计调研内容,开展调研活动。调查所设定的时间为2020年1月23日至2月23日,调查(实验)环境就是全国"居家办公"的真实环境,无须模拟,真实客观。

第二,调查样本"投入度""参与度"最高,以往传播学调查多数为模拟时空,有意识选择调查样本,参与者的超脱感、投入性和旁观者的心理和定位难以摆脱,虽然设计者会尽量避免和减弱这种"不真实感"对测试的影响,但做不到真实。而本调研调查对象在参与问卷答题时,全国还在采取最严格防疫措施,全体人民"居家办公",问卷就是每个人自己的真情实感,样本反映真实可信。

第三,调查对象覆盖相对广泛,有一定代表性和说服力。本次调查共向14个行业(职业)工作者和人群随机发放问卷700份,回收有效答卷565份,有效回收率达到80.71%。人群覆盖了17岁以下和61岁以上所有年龄段,有一定说服力。

第四,调查统计较为严谨,与调查对象做有效沟通,把调查对象最真实想法和内心表达统计进调查表格中。调查分设和委托了14个小组对应不同的调查人群,这些小组的负责人就是各自行业的工作者,保证能够按课题组调查目的要求与调查对象做及时沟通、解答和指导，确保调查对象填报内容接近本真。因课题组力求掌握突发事件中民众使用媒体（媒介需求）的真实情况，因此，设计的问题较多，也很细致，一些问题需要调查对象思考和衡量后写出答案，因此，没有采取网上答题的形式调查，调查组这种"自找麻烦"的行为却为后来的统计工作增添了巨大的工作量，但达到了调研目的。

第五，调查样本的可研性十分广泛，可以从不同媒介出发，得出该媒介受众的真实状况，也可以得出该媒介与其他主要媒介比较研究的结果。比如，上述结论为课题组从广播电视媒介出发，通过调查样本数据研究得出了关于突发事件中，调查样本对广播电视媒介需求的真实情况。也可从报纸、政府网站、商业网站、APP自媒体平台等不同媒体侧重，开展数据统计和研究工作。

本次调查时间仓促，存在一定不足。如调查主要在一个地区展开，地域性特征明显，在参与对象空间（全国范围）选择上，难以摆脱局限性限制。调查对象虽然覆盖了所有年龄段人群，但有效样本反馈还主要集中在17—50岁，最小参与样本11岁，最大参与样本67岁，还有处于空白年龄段的人群未能参与进来，等等。

通过此次疫情期间广播电视媒介使用（需求）情况调查，课题组初步得出如下结论：广播电视所营造的新闻舆论场被受众接受的是其舆论公信力（信息内容）；民间舆论场被受众接受的是其舆论传播力（信息渠道）；官方舆论场被受众接受的是其舆论引导力（信息解读）；而三大舆论场都要在国际舆论场——这个"观点的公开市场上"，检验各自舆论的综合影响力。课题组认为：全媒体时代，提升我国广播电视舆论"四力"，应坚守广播电视新闻舆论场的公信力，协同并对标官方舆论场所展现出来的舆论引导力，学习并融合民间舆论场的舆论传播力，力争在国际舆论场上的更大影响力。

此外，2020年11月，中国外文局（中国国际出版集团）当代中国与世界研究院公布《2020年中日关系舆论调查报告》，报告显示，从被调查的北京、广州、上海、成都等10个城市1571份调查样本反馈的结果看："电视媒体仍是获取有关日本及中日关系信息的首要媒介渠道。82%的中国受访者主要通过中国媒体获取关于日本和中日关系信息，其中电视仍是首要媒介渠道，且重要性有所提升。以电视为最主要信息渠道的受访者比例由2019年的54%上升到2020年的66.6%；相较之下，使用移动设备作为最主要信息渠道的受访者比例由2019年的39.3%下降到2020年的24.1%。PC端新闻门户网站、论坛或BBS比例为5.7%，报纸为0.9%，广播为0.3%。"两个调查关于电视媒体作为最主要新闻信息媒介选择的结果相同。

三、主流媒体进入网络主阵地在规制管理方面存在的不足

没有规制管理规范下的信息传播势必混乱不堪，不合理的规制制度具有同样或更大的"杀伤力"，会导致市场失灵，从而阻碍和破坏信息传播活动的进步和信息产业的发展。这种阻碍不只限于所有人都能看到的广播电视信息传播技术落后、信息传播市场竞争力不强、对信息传播产业总体贡献率过小等可感可知的现象表层，还表现为其在信仰、向心力、凝聚力、创造力、国民素质提升等精神文化生活方面的影响力与统治力不强等方面上。

特别是在全球一体化趋势不可逆转，我国即将跨越"中等收入陷阱"门槛，信息传播进入全媒体建设时代，三种传媒场域宰制信息传播现状的当下，如何正确认识我国现有媒介信息传播法规制度不足，如何建立和完善与中国特色社会主义相适应的媒介规制政策，对于国家实现主流媒体快速进入网络主阵地，发挥主流宣传和舆论引导作用，解放信息传播生产力，有效参与世界竞争，讲好中国故事，发出中国声音意义重大。

当前，我国广播电视全媒体规制管理存在七个方面的问题：

第一，广播电视立法缺失，缺少全国范围内统一执行、全社会统一遵守的广播电视信息传播法规。1997年出台的《广播电视管理条例》已经远远满足不了广播电视信息传播管理和市场需要。广播电视视音频信息行业具有巨大的市场潜力和战略价值，用行业规章来实际导引和规范这一最具潜力的行业发展无疑是不够的。只有上升到法律才能成为全国

各个行业、各个团体和各个人群的共同遵循，才能彻底打破部门坚冰和不必要的制度损耗。没有真正法律主导、保护和规范下的战略行业是犯罪者的天堂。

第二，广播电视规制主体独立性不足，自主性和监管力度不够。1949年以来，从最初的广播电视部，到广播电视局——广播电影电视局——广播电视局，我国广播电视主管部门走过了一个名称上的轮回和职能权限的衰减历程。2018年年底到2019年的第一个季度末，国家新一轮机构改革落下大幕，国家和省一级政府保留了广播电视局名称和机构，市地以下继续合并为文化广播电视和旅游局。广播电视实际内容管理与新闻出版、电影一道划归党委宣传部门，技术革新和安全管理等职能留在了政府广播电视管理部门。

第三，广播电视信息传播竞争市场主体不清晰，责任不明。各级线下广播电视台既是市场竞争对手，也是宣传指导上的上下级关系。线上竞争也同样主体不清，情况复杂。除新闻媒体的新闻网站外，商业媒体的商业网站、社交网站和APP信息平台大量存在，虽然各信息传播主体同台竞技，但对不同类别的信息生产运营主体要求和约束却不同。新闻媒体遵守更加严格的新闻生产纪律；商业网站和APP信息平台执行内部自审、备案自查和事后追责的信息生产模式。监管部门以网信、工商、文化、广电联合监督为主，自由度更大。

第四，广播电视知识产权（版权）保护不足，原创精神得不到彰显，原创价值得不到保护。报纸广播电视等主流媒体投入人力财力生产的专业新闻信息被随意挂在各种商业网站和信息平台，以博得眼球和关注，进而转化为更大的商业利益，而新闻媒体追究信息被滥用、转载的成本过高，周期过长，胜率太低，无奈中放弃维权，助长了网络新闻信息侵权行为泛滥。除新闻媒体外，其他个人和组织的知识产权也不能得到有效保护。UGC，即用户将自己原创的内容通过互联网平台进行展示或者提供给其他用户的模式推动了Web 2.0时代的到来。随着移动互联网的发展，网上原创内容又被细分为PGC（专业生产内容）和OGC（职业生产内容）。PGC往往是出于"爱好"，义务地贡献自己的知识形成内容；而OGC是以职业为前提，其创作内容属于职务行为。[①]这些网络自主创作规定和使用规制的权属、使用也极其不清。知识产权保护和版权违法成本低廉，信息传播市场主体信用体系建设不健全。

第五，受众基本信息权益保障不足，信息鸿沟越拉越大。现有信息传播的商业色彩浓重。民间舆论场商业气息过重，一些信息平台推送信息毫无道德底线和职业操守，为博取商业利益和集团利益，这些活跃和被纵容着的大V、名人，披着为民请命的"假公知""假专家""舆论领袖"的外衣，错误诱导网民，博点击量和关注度，成为信息传播市场上的公害。大量充满商业目的的新闻信息充斥报纸版面、广播频率和电视电脑手机屏幕，粗暴地挤压了本该属于公共信息和弱势群体信息的版面，"无利可图"既让最基本的信息需求让信息生产的供给侧激发不起热情，应付了事，也侵害了公民基本的公共信息获取权力，人为加深加长了群体之间的"信息鸿沟"。

第六，传播垄断和传播不公现象严重，没有形成公平而充分的竞争市场。"易观产业数据库公布的2016年第4季度中国网络视频广告市场规模达99.6亿元，通过运用市场集中度测量方法赫芬德尔–赫希曼指数（HHI）对2016年第4季度网络视频产业各平台的广告市场份额进行计算，HHI=1582.04。网络视频产业的整体市场集中度为中等，市场结构属于垄断竞争"。[②]爱奇艺、优酷土豆、腾讯视频三家最大企业同期广告收入占总市场份额的63.1%。新闻媒体与商业网站在网络空间同场竞技，却又苦于传播渠道不足，不得不借助或委身于商业网站。一些商业平台一方面限制新闻媒体APP，网站的带宽、流量和时段；另一方面大肆侵权和转载新闻媒体的信息产品。

第七，网络视听信息传播评价监督体制机制不健全，评价监督制度办法不严谨，未形成全国全行业统一执行、公正权威的评估指标体系。目

---

①高晓虹. 媒体融合背景下传统媒体舆论引导面临的困境与出路［J］. 新华文摘，2016（1）：147.

②陈积银，杨廉. 中国网络视频产业的发展现状、趋势与思考［J］. 新华文摘，2018（5）：151.

前，网络视频评估主要从信息传播的商业价值出发，依据传播力度和口碑评分确定，传播力度的评定主要看平台播放量数据、社交媒体（新浪微博指数）提及数和搜索引擎（百度指数）数据，口碑评分评定主要取决于豆瓣评分、同时段排名、同类型排名等。这一主要执行中的评估办法没有很好地兼顾政府、公共组织、行业协会意见，靠委托一两个商业平台数据"代表"民众整体意见的做法难以经得起推敲和检验。

四、学界关于中国广播电视规制理论探索

我国广播电视是兼具公共服务和产业属性的特殊行业，研究广播电视规制管理，必须充分认识事业属性与产业属性的不同，并在尊重规律的前提下，开展研究工作。产业属性决定了效率优先的原则，其价值追求是取得最大限度的超额利润，表现出更多的外部性特征，服务的对象是以资方为代表的商业集团；公共属性以保护公众利益为原则，其价值追求是公平、普惠、公益、可持续，表现出更多的内部性特征，服务于全体大众。因此，广播电视规制管理研究的核心要义就是要做到效率和公共福利之间的均衡。"一个完整的市场经济体系其实由两个部分组成，一个是市场机制，主要价值导向是效率；另一个是行政机制，它一方面为市场机制提供框架性的秩序服务，另一方面要在市场失灵的空间，提供可能性的传播公共服务，主要解决传播公平问题。因此，政府的这一强制性的外部制约功能就是政府规制（regulation），即由政府部门依据有关的法规，通过许可和认可等手段对传媒产业的市场活动施加直接影响的行为"。①

政府规制的内容取向主要有九个方面："一是公益事业政策中的规制，主要以处理自然垄断为目的，以维护帕累托效率；二是保护消费者权益、公开信息、保护知识产权等法律中的规定，主要以处理信息偏在为目的；三是针对外部不经济问题进行的社会性规制，外部不经济性反映了一

---

① 朱春阳. 传媒产业规制：背景演变、国际经验与中国现实［J］. 西南民族大学学报（人文社科版），2008（3）：170.

经济主体不付费而得到收益或增加另一行为主体的成本；四是针对非价值物品进行的社会性规制，有些物品或经济活动市场可以有效地调节，但与社会公德相冲突，如色情、毒品等，则需借助规制来加以禁止或限制；五是财税、金融政策中的规制主要以保证分配的公正和经济稳定增长为目的；六是社会福利和社会保障制度中的规制，主要为了提供公共物品；七是民商法即反不正当竞争法中的规制，主要是为了保护不完全竞争问题；八是产业政策和振兴科技政策中的规制，以处理多样化市场失灵相关问题为目的；九是保护环境、土地及自然资源、劳动保护等政策中的规制"。[①]除五和六属于宏观经济层面，由政府统筹考虑，七由司法部门处理等间接规制外，余下的都属于直接规制范畴，并可分为经济性规制和社会性规制两类。

除了对国内外广播电视规制任务、规制概念、规制内容等本体进行研究外，国内学者还对媒介融合、新媒体和传媒自身发展对广播电视规制的影响和反向需求做了研究，从而整理出当下国内广播电视规制研究的方向和重点。石长顺、王琰、朱春阳、肖军赞等从对西方规制本体的理解，剥离出广播电视规制内在所应遵循的规律，同时，结合网络传播、媒介融合、新媒体等传媒技术革命带来的广播电视传播环境改变，总结了当前广播电视规制管理总体趋势；肖叶飞、石长顺、王琰等还对传统广播电视管理难以适应新媒体时代需求和产生的管理困境进行研究；喻国明、戴元初聚焦美国广播电视规制实践，以西方经典规制模型为工具，衡量和批评西方法规实践。这些研究最大的亮点就是以西方广播电视规制理论体系为工具，密切结合传媒技术革新变化，审视西方发达经济体经验做法，聚焦国内管理困境，理性分析，科学总结，对媒介融合时代我国广播电视规制理论和实践建设做了重要的基础性工作。学者们总结了传统大众传媒时代的广播电视管理是"竖井式"的封闭管理，频率频道资源的有限性和投入的奇高性，使"许可证"和"高风险"分列广播电视行业"门槛"的两侧，牢牢地把住了行业准入的大门，使

---

①沈乐平. 当代西方规制理论和我国企业集团发展现状［J］. 暨南学报（哲学社科版），2000（6）：121.

传统广播电视行业自成一体、高高在上、垄断经营，对应的规制管理也是"纵向分业式"的分布和管理；而数字技术、移动通信、智能技术和网络技术共同打造的网络传播时代的广播电视是"金字塔式"的开放管理，数字技术的通用性、移动技术和智能技术的便捷性、网络技术的包容性（互联网+），使媒介融合和走向无限空间、无限可能的新媒体时代成为网络传播时代的特征，"零门槛""相互进入""人人都是传播者""数字化生存"呼应的是"横向分层式"的规制管理。这就厘清了传统广播电视规制管理的任务、方向、目标和核心内容。

同时，国内学者还从多个角度围绕网络传播和广播电视规制管理进行研究，既聚焦同一命题，又从不同视角审视，共同将不同研究的涓涓细流汇聚成广播电视规制管理的理论长河。学者们在哲学、历史、技术、实践等层面都有涉足和推进，如邬焜提出的"信息哲学理论"，孙玮从技术哲学角度对新媒体带来的新传播进行思考；陈建云、胡正荣、石长顺、王琰和李继东等对我国广播电视的管理历程进行总结和反思；白锐、王毅军、高俊峰等从技术、个体、舆情等角度思考了互联网与国家治理；江平等从立法和母法缺失角度对广播电视及互联网新媒体规制管理进行研究；彭兰等移动时代的节点化用户及其数据化测量，从大数据角度对个体网络生存和商业实践进行有益的思考；李向阳、柏骏对媒介市场失灵和媒介治理模式进行研究；朱春阳、董静、李本乾等考察了美国和欧洲传媒产业规制，对媒介规制原则、模式和价值取向转变趋势进行深入分析。这一时期，国内媒介跨界研究也很突出，经济学、社会学、心理学、法学、教育学对新媒体的影响、发展和未来都进行了回应。

第二节　我国广播电视全媒体法治管理的法理分析

由于没有单独的新闻出版法，如果出现超出广播电视管理条例、新闻出版管理条例和部门规章的传媒不法行为只能寻求行业以外的法律"援助"，因此，我国广播电视新媒体法治管理实践表现出三个特点：行业法以外法律唱主角，行政规章"全天候""无死角"的努力，共建网络"人类命运共同体"宏大设计与新闻传播法律缺失的巨大落差。

一、版权名誉权隐私权保护和保密安全等行业外法"唱主角"

涉及广播电视全媒体企业与企业之间、企业与个人之间的违规违法案件，很多都不能在广播电视行业内部规章中得到解决，涉案最多的版权、名誉权、隐私权的违法违规行为反倒要"借道"《民法》《刑法》和《著作权法》等综合大法来解决。

2014年被称为"媒介融合元年"，这一年，网络新媒体（线上广播电视新媒体）侵权传统广播电视媒体（线下广播电视新媒体）的典型案件频发，影响较大的有：土豆网擅自播放《舌尖上的中国》侵权案，"2014年4月22日，上海市知识产权联席会议办公室公布了2013年度知识产权10大典型案例，其中，央视热播的《舌尖上的中国》被侵权案引人注目，该案的被告方系上海土豆文化传播有限公司，其经营的网站'土豆网'在上述节目热播期内擅自传播，构成侵权，历经两审被判败诉，赔偿约24.8万元"。[①]射手网侵犯影视作品和字幕作品著作权案，2014年12月16日，国家版权局向社会通报了第三批共12起网络侵权盗版案件查办情况。其中，上海射手网侵犯影视作品和字幕作品著作权案引起了社会极大关注。射手网在海外影视爱好者中影响非常广泛。2014年11月22日，射手网突然宣布关闭，人们随后获悉，网站是因为侵犯版权而被执法部门叫停。经过调查显示，射手公司在其经营的射手网上开设了名为"射手影音"的商城，以营利为目的，销售其复制于硬盘存储设备的"2TB高清综合影音合集资源""3TB高清超级影音合集"等产品，自2013年5月起共销售约100台。自行复制的《肖申克的救赎》《教父》《教父2》《黄金三镖客》《低俗小说》《辛德勒的名单》《十二怒汉》《飞越疯人院》《星球大战5——帝国反击战》《蝙蝠侠前传2：黑暗骑士》等热

---

①戴榆. 土豆网因擅自播放"舌尖上的中国"侵权被点名［EB/OL］.（2014-04-23）［2019-12-12］. 每日经济新闻.

102

门影片共200部。"12月15日，上海市文化市场行政执法总队对射手网做出处罚决定：对当事人未经著作权人许可，擅自复制、发行其作品的行为，罚款人民币7万元；对当事人未经权利人许可，通过信息网络擅自向公众提供他人作品的行为，罚款人民币3万元；两项合计罚款人民币10万元"。①剑网2014专项行动第二批网络侵权案，"据新华社记者隋笑飞9月2日报道，国家版权局2日通报'剑网2014'专项行动第二批10起网络侵权盗版案件查办情况，并号召权利人及权利人组织、社会公众继续积极参与投诉举报"，②剑网2014专项行动第二批网络侵权案，涉及影视版权案件3起，分别为江苏"金火影视网"涉嫌侵犯影视作品著作权案、江苏"放放电影网"涉嫌侵犯影视作品著作权案、江苏"高清影视下载网"侵犯著作权案。三个案件涉案违法金额均在百万元上下。

自2014年以来，影视界名人与网络媒体之间的名誉权案创新高。"2014年10月至2016年3月，关于演员的网络侵权诉讼：白百何诉舜网、英达诉人民网、李连杰诉大旗网、林志颖诉华商网、王杰诉手机人民网、汪峰诉新浪网、王健林诉'顶尖企业家思维'等。"③同时，名人和热点事件主角的隐私权被侵犯的问题也十分严重，如"王宝强离婚案""陈赫出轨事件"等个人隐私被大量曝光，狗仔队偷拍的大量音视频、图片被直接上传到网络社交媒体，商业网站、广播电视台娱乐节目、新闻节目纷纷跟进转载，对明星个人、家庭生活带来困扰，同时，在社会上造成极大的负面影响。这些个人隐私权、名誉权屡遭侵犯与缺少对媒体和传媒企业直接有效约束的行业法律有一定直接原因。

此外，个人安全信息的保护和公共安全信息的掌控还处于盲区和空白，造成大量潜在的信息安全问题。当前，包括网络视音频信息点播在内的信息服务购买，都需要填报一定个人信息，同时，消费偏好、支付

---

①方圆．射手网侵犯影视作品和字幕作品著作权案侦破始末［N］．中国新闻出版报，2014-12-24.

②"剑网2014"专项行动第二批网络侵权案公布［EB/OL］．（2014-09-02）［2019-12-10］．新华网．

③何鹏．论电视节目版式的著作权保护［J］．法律科学（西北政法大学学报），2016（3）：118.

能力、个人住址等消费痕迹被动地泄露给商家，个人信息被打包后再次作为大数据信息出卖的情况极为普遍，几乎每个人都有接到点对点的手机短信甚至电话推销的经历，信息泄露的情况非常严重，个人信息还没有明确的保护，信息安全观念的淡漠和管理缺失，造成信息安全侵犯不仅是发生在个人身上个案损失，类型化的关键数据流失，会直接涉及国家公共安全。

二、行政规章"全天候""无死角"的努力

由于没有层级较高的法律规制来约束，我国广播电视日常管理只能主要依靠行政规章来实施。从1997年9月1日《广播电视管理条例》（国务院第61次常务会议通过）实施到2020年的23年间，国家层面对广播电视及广播电视新媒体管理的法规规章几乎每4年出台一部，甚至在2016年12月1日、2日、14日，一气呵成式地连续出台了三部部委规章：《互联网直播服务管理规定》（国家互联网信息办公室颁发），《网络表演经营活动管理办法》（文化部颁发）和《微博、微信等网络社交平台传播视听节目的管理规定》（国家新闻出版广电总局发布）。频次和力度突然加大，将广播电视新媒体行政规章立法频次推向新高度，加上2016年9月实施的《关于加强网络视听节目直播服务管理有关问题的通知》（国家新闻出版广电总局发布），2016年，三部委共出台了四部与广播电视新媒体管理相关的规章。与此同时，职能部门还加强了对原有规章的修订和对行业发展的引导和规划，如2016年7月颁布实施《国家信息化发展战略纲要》（中办、国办联合印发），2016年7月18日实施《关于进一步加快广播电视媒体与新兴媒体融合发展的意见》（国家新闻出版广电总局发布）等。2017年，行政部门出台广播电视新媒体规章频次增长势头不减，1月，发布了《互联网视听节目服务业务分类目录（试行）》对2010年3月17日《互联网视听节目服务业务分类目录（试行）》调整和《关于促进移动互联网健康有序发展的意见》（中办、国办联合印发）；3月，发布了《关于2017年度网络视听节目内容建设专项资金扶持项目申请事项的通知》（国家新闻出版广电

总局）；以及5月2日国家互联网信息办公室同日公布《互联网新闻信息服务管理规定》和《互联网信息内容管理行政执法程序规定》两个重要部门规章。

这些与广播电视新媒体有关的规制可简要分为三类：一是宏观性规制（因其是跨越广电、文化、出版、卫生、工商、安全、公安等多个部门，覆盖全部网络媒介的通用规章，故称其为"跨界法"或"通用法"），如，2000年9月25日施行的《互联网信息服务管理办法》（中华人民共和国国务院令第292号），2016年7月实施的《国家信息化发展战略纲要》（中办、国办联合印发）等；二是直接性规制（因其是直接约束广播电视新媒体的法律规章，故称其为"目标法"或"靶向法"），如，1997年9月1日实施的《广播电视管理条例》（国务院第61次常务会议通过），2004年10月11日施行的《互联网等信息网络传播视听节目管理办法》（广电总局令第39号），2008年1月31日起施行的《互联网视听节目服务管理规定》（国家广播电影电视总局、中华人民共和国信息产业部令第56号），2016年7月18日实施的《关于进一步加快广播电视媒体与新兴媒体融合发展的意见》（国家新闻出版广电总局发布），2016年9月实施的《关于加强网络视听节目直播服务管理有关问题的通知》（国家新闻出版广电总局发布），2016年12月16日实施的《微博、微信等网络社交平台传播视听节目的管理规定》（国家新闻出版广电总局发布），2017年6月1日实施的《互联网新闻信息服务管理规定》（国家互联网信息办公室发布）等等；三是辅助性规制（因其是边缘、特定方面领域的辅助法，笔者也称其为"补充法"或"填补法"），如，2011年4月1日实施的《互联网文化管理暂行规定》（文化部第51号令），2016年12月1日实施的《互联网直播服务管理规定》（国家互联网信息办公室颁发），2016年12月2日实施的《网络表演经营活动管理办法》（文化部颁发）等等。

各部门还针对广播电视新媒体最新动态，及时调整行业管理政策办法，如为适应互联网视听节目服务行业发展需要，根据《互联网视听节目服务管理规定》（国家广播电影电视总局、中华人民共和国信息产业部令第56号），对2010年3月17日发布的《互联网视听节目服务业务分类目录（试行）》进行调整，调整后的《互联网视听节目服务业务分类目录（试行）》（不含交互式网络电视IPTV、互联网电视、专网手机电视的业务分类）：分为4大类17个类型——时政类视听新闻节目首发服务；时政和社会类视听节目的主持、访谈、评论服务；自办新闻、综合视听节目频道服务；自办专业视听节目频道服务；重大政治、军事、经济、社会、文化、体育等活动、事件的实况视音频直播服务；时政类视听新闻节目转载服务；文艺、娱乐、科技、财经、体育、教育等专业类视听节目的主持、访谈、报道、评论服务；文艺、娱乐、科技、财经、体育、教育等专业类视听节目的制作（不含采访）、播出服务；网络剧（片）的制作、播出服务；电影、电视剧、动画片类视听节目的汇集、播出服务；文艺、娱乐、科技、财经、体育、教育等专业类视听节目的汇集、播出服务；一般社会团体文化活动、体育赛事等组织活动的实况视音频直播服务；聚合网上视听节目的服务；转发网民上传视听节目的服务等广播电台、电视台形态的互联网视听节目服务；转播广播电视节目频道的服务；转播互联网视听节目频道的服务；转播网上实况直播的视听节目的服务等互联网视听节目转播类服务。

这些法律规章和规划的出台，反映了在网络媒体和网络产业快速发展，传媒行业"迭代式"进步面前，在传媒产业竞争和意识形态领域的争夺日趋激烈的背景下，广播电视新媒体规制顶层设计的努力，但我们不难发现其中存在的矛盾和问题，即新规层出不穷，旧规未及时修订调整或废止，在管理上出现了一些混乱。

三、共创人类"网络命运共同体"的战略强音

当今时代已经进入网络传播时代，互联网络将世界连接在一起，人类除了物理空间上的接触、交流外，几乎都是"共时性"地生活在网络世界里，通过网络来进行信息联系、生产生活、合作发展，网络世界将越来越成为人类物质和精神世界的主导。但网络世界同现实世界一样，掺杂着复

杂的国家、民族、集团、阶层、世俗等自利性主张，隐藏着欺诈、恐怖、暴力和陷阱，是一个需要维持竞争与合作、平衡效率与公平的信息场域，而目前网络世界的状况却是，"国家的战略认知和政策应对、国际的行为规范远落后于技术变革所蕴含的创造力、想象力和破坏力"，①因此，需要在确保本国网络安全的前提下，努力建立一个有价值有情怀的国际互联网规制，建成"互联网全球共治"体系，让网络造福人类。

我国自1994年接入国际互联网以来，经过20年的发展，互联网在我国取得巨大进步。到2014年6月，"中国拥有超过6亿的网民，中国拥有12亿手机用户、5亿微博用户、5亿微信用户，每天信息发送量超过200亿条；中国拥有400万家网站，中国的电子商务年交易额超过1万亿英镑，对经济增长的贡献率超过10%，正辐射全球，成为国民经济的最大增长点"；②经过一年多的发展，到2015年12月，"中国有6.7亿网民、413万多家网站，网络深度融入经济社会发展、融入人民生活"；③再经过一年，到2016年12月，"中国网民规模达7.31亿，互联网普及率达到53.2%，超过全球平均水平3.1个百分点"。④据中国互联网信息中心（CNNIC）第45次《中国互联网络发展状况统计报告》统计，2020年3月，中国网民规模达到9.04亿，网络普及率达到64.5%。

移动互联网基础设施建设速度惊人，据统计，仅中国移动一家，"2015年到2017年，中国移动4G基站从86万个增加到162万个，占全球4G基站总数的32%，覆盖人口超过13亿"。⑤移动互联网流量增长迅速，"2016年移动和联网接入流量达93.6亿G，比2012年增加84.8亿G，年均增长80.6%"。⑥智能手机销量世界占有率较高，"2016年我国智能手机销量在世界市场的总占有率超过20%。业界公认，中国人已经成为全球最会'使

①汪晓风. 中美经济网络间谍争端的冲突根源与调适路径［J］. 美国研究，2016（5）：110.
②东方晓. 互联网全球共治的新机遇［EB/OL］. （2014-06-24）［2019-12-23］. 新华网.
③习近平. 在第二届世界互联网大会开幕式上的讲话［EB/OL］. （2015-12-16）［2019-12-23］. 新华网.
④李晗. 习近平419讲话一周年互联网企业这样担当使命与责任［EB/OL］. （2017-04-20）［2019-12-23］. 中国青年网.
⑤新华社北京7月3日电. 4G引领中国迈向世界网络大国［N］. 长春日报，2017-07-04（4）.
⑥新华社北京7月3日电. 4G引领中国迈向世界网络大国［N］. 长春日报，2017-07-04（4）.

用'手机的民族"。[①]2020年，预计建成60万个基站，前瞻产业研究院发布的《2020年中国5G基站建设行业报告》预计，"2021—2023年，三大运营商逐年建设量约为80万个、110万个、85万个，微站数量可达千万级别"。目前，中国在国际互联网权力机构和其他国际网络组织中的话语权并没有与互联网大国地位相对应，中国从网络大国向网络强国过渡还有很长的路要走。

一方面，主导国际互联网关键资源（基础架构、协议等）的国际机构ICANN（互联网名称与数字地址分配机构，1998年成立）设立在美国，美国政府作为其承包商，拥有对域名系统根的"政策权力"，并曾在2003年伊拉克战争期间，有过随意终止了伊拉克顶级域名的不良记录。现实层面，随着"中美关系竞争面的上升，美国寻求绝对安全的国家安全观和网络安全观，也包括平衡中国实力增长的意图，促使网络空间控制权和网络治理话语权的争夺成为常态，因而，围绕经济竞争与安全博弈的网络争端仍将不断出现"。[②]另一方面，国际研究机构也没有对中国互联网发展给予公正的评价。目前，评价一个国家的互联网进步程度和实力（在数字世界中的实力）的是所谓的"网络就绪指数"，"这一指数主要由驱动力和影响两大指标构成。驱动力分为三类：环境、准备就绪（包括基础设施、可负担能力和技术）和使用情况（由个人、商界和个政府构成）；影响是对经济和社会两方面的影响进行衡量"。按照它的计算，"排名前10位的亚洲国家，我国排名第7，仅比斯里兰卡高4位"。[③]

网络世界的公平首先是网络国家意识的觉醒，是对网络国际公约和国际互联网规制的平等制定与共同遵守。党的十八大以来，我国十分重视国内互联网治理和参与国际互联网建设与合作，集中体现在对国内互联网治理的顶层设计和以国家形象"共建共享"的国际互联网治理的参与和努力上。

2011年5月，经国务院批准，国家互联网信息办公室成立，承担"落实

---

①新华社北京7月3日电. 4G引领中国迈向世界网络大国［N］. 长春日报, 2017-07-04（4）.
②汪晓风. 中美经济网络间谍争端的冲突根源与调适路径［J］. 美国研究, 2016（5）：85.
③基思. 布林. 什么是网络就绪指数, 为何如此重要［J］. 谭浩洁, 译. 国外社会科学文摘, 2016（11）：52.

互联网信息传播方针政策和推动互联网信息传播法制建设；指导、协调、督促有关部门加强互联网信息内容管理；负责网络新闻业务及其他相关业务的审批和日常监管；指导有关部门做好网络游戏、网络视听、网络出版等网络文化领域业务布局规划；协调有关部门做好网络文化阵地建设的规划和实施工作；负责重点新闻网站的规划建设，组织、协调网上宣传工作，依法查处违法违规网站；指导有关部门督促电信运营企业、接入服务企业、域名注册管理和服务机构等做好域名注册、互联网地址（IP地址）分配、网站登记备案、接入等互联网基础管理工作；在职责范围内指导各地互联网有关部门开展工作"①等职责。2014年2月27日，中央网络安全和信息化领导小组成立。中共中央总书记、国家主席、中央军委主席习近平亲自担任组长；李克强、刘云山任副组长。承担"着眼国家安全和长远发展，统筹协调涉及经济、政治、文化、社会及军事等各个领域的网络安全和信息化重大问题；研究制定网络安全和信息化发展战略、宏观规划和重大政策；推动国家网络安全和信息化法治建设，不断增强安全保障能力"②等职责。中央网络安全和信息化领导小组办事机构即中央网络安全和信息化领导小组办公室，由国家互联网信息办公室承担具体职责。

　　一套人马，两个顶层机构的设计，表明互联网信息安全和发展正式上升为国家最高发展战略层面。中央网络安全和信息化领导小组成立后，习近平主席在领导小组会议、中央领导集体学习、新闻媒体视察讲话等多个重要会议和活动场合上发表有关互联网安全发展的重要讲话。特别是2016年4月19日，在网络安全和信息化工作座谈会所做的《让互联网更好造福国家和人民》的讲话，即"4·19讲话"，强调在践行新发展理念上先行一步，推进网络强国建设。要求网络建设要以人民为中心，为老百姓提供用得上、用得起、用得好的信息服务。并在网络生态、核心技术突破、网络安全、国际竞争、人才支撑、网络立法等方面提出新要求。

---

　　①国家互联网信息办公室就办公室设立及其职责答问［EB/OL］.（2011-05-05）［2019-12-23］. http://www.gov.cn.

　　②江蔚. 中央网络安全和信息化领导小组成立：从网络大国迈向网络强国［EB/OL］.（2014-02-27）［2019-12-23］. 新华网.

两个顶层机构成立后，中国在互联网规制制定方面也加快进程，6年新修订、新出台互联网安全发展法律4部，行政法规7部，规范性文件5部，政策性文件7部，政策文件4部，占现有互联网全部32部规制文件总数的84.37%。我国现有关于互联网安全发展的专门法律共4部（3部是2011年5月国家互联网信息办公室成立后，新修订和新出台的法律）：其中，《中华人民共和国电子签名法》2004年8月28日；《全国人民代表大会常务委员会关于维护互联网安全的决定》2011年1月8日修订；《全国人民代表大会常务委员会关于加强网络信息保护的决定》2012年12月28日，第十一届全国人民代表大会常务委员会第三十次会议通过；《中华人民共和国网络安全法》2016年11月7日第十二届全国人民代表大会常务委员会第二十四次会议通过。专门的行政法规共8部，其中，国家互联网信息办公室成立后，新出台和新修订行政法规7部：2014年8月26日颁布《国务院关于授权国家互联网信息办公室负责互联网信息内容管理工作的通知》（国发〔2014〕33号）；2013年1月30日修订《信息网络传播权保护条例》；2016年2月6日修订《国务院关于修改部分行政法规的决定》（国务院令第666号）；2013年1月30日修订《国务院关于修改〈计算机软件保护条例〉的决定》；2011年1月8日修订《互联网信息服务管理办法》；2014年7月29日修订《中华人民共和国电信条例》；2011年1月8日修订《计算机信息网络国际联网安全保护管理办法》。此外，2008年9月10日修订《外商投资电信企业管理规定》。部门规章8部（国家互联网信息办公室成立后，新修订和新出台的5部）：2017年6月1日起施行《互联网新闻信息服务管理规定》；2017年6月1日起施行《互联网信息内容管理行政执法程序规定》；2009年6月1日起施行《外国机构在中国境内提供金融信息服务管理规定》；2013年9月1日起施行《电信和互联网用户个人信息保护规定》；2012年3月15日起施行《规范互联网信息服务市场秩序若干规定》；2011年4月1日起施行《互联网文化管理暂行规定》；2008年1月31日起施行《互联网视听节目服务管理规定》；2004年10月11日起施行《互联网等信息网络传播视听节目管理办法》。政策性文件7个（全都在中央网络安全和信息化领导小组成立后出台）：2016年12月1日起施行《互联网直播服务管理规定》；2016年8月1日起施行《移动互联网应用程序信息服务管理规定》；2016年6月25日起施行《互联网信息搜索服务管理规定》；2015年6月1日起实施《互联网新闻信息服务单位约谈工作规定》；2015年3月1日起施行，公安部、网信办、工信部等6部门联合发布《互联网危险物品信息发布管理规定》；2015年3月1日起施行《互联网用户账号名称管理规定》；2014年8月7日起施行《即时通信工具公众信息服务发展管理暂行规定》。规范性文件4个（全都在中央网络安全和信息化领导小组成立后出台）：2016年8月12日《关于加强国家网络安全标准化工作的若干意见》；2015年4月29日《关于变更互联网新闻信息服务单位审批备案和外国机构在中国境内提供金融信息服务业务审批实施机关的通知》；2014年5月9日《关于加强党政机关网站安全管理的通知》；2017年4月12日《全国等级保护测评机构推荐目录》。

两个顶级机构的建立，一套人马的操作，更利于高位统筹，同步实施，与互联网融合、国际化、技术革新的发展趋势相契合。在互联网治理上，有利于改变"九龙治水"的管理格局，加强统筹协调，形成并完善法律规范、行政监管、行业自律、技术保障、公众监督和社会教育相结合的互联网管理体系。同时，中国也加大了参与国际互联网治理的力度，发出"共建网络空间命运共同体"的中国声音。国家最高领导人在多个重要场合和多次国际互联网大会上发言：据不完全统计，2014年7月16日习近平在巴西国会发表演讲；2014年11月19日习近平向首届世界互联网大会致贺词；2015年5月24日习近平致国际教育信息化大会的贺信；2015年12月16日，第二届世界互联网大会在浙江省乌镇开幕，乌镇作为世界互联网大会的永久会场，习近平出席第二届世界互联网大会开幕式并发表主旨演讲，阐述了中国对建立多边、民主、透明的全球互联网治理体系的意见和看法；2016年11月，在第三届世界互联网大会开幕式上，国家主席习近平发表"携手构建网络空间命运共同体"视频讲话。在世界上，发出了中国关于网络世界的主张的声音。

第三节　我国广播电视全媒体法治管理的制度分析

我国广播电视新媒体法治管理面临的困难和阻力是多方面的，反映在现行新闻传播制度方面是直接而现实的，如名目繁多的准入许可、部门祈大求全的管理诉求和紧张敏感的意识形态保护高压等等。

一、严格的许可证制度

我国对广播电视新媒体企业生产经营内容实行了严格的许可准入制度。一家立意开展广播电视新媒体内容制作、播放和经营的企业要想开展所有线上、线下广播电视新媒体业务，至少要取得《广播电视节目制作经营许可证》《电视剧制作许可证（甲乙种）》《电影拍摄许可证》《信息网络传播视听节目许可证》《电影片公映许可证》《电视剧发行许可证》《网络文化经营许可证》《电视剧播放许可证》等多种证件。一些核心业务执行了更加严格的特许经营制度。如新闻传播业务，只允许一定级别以上的国有新闻单位或其经营的网站开展。"2015年取得国家网信办颁发的互联网新闻信息服务许可一类资质的14家中央主要新闻网站，具体为人民网、新华网、中国网、国际在线、中国日报网、中国网络电视台、中国青年网、中国经济网、中国台湾网、中国西藏网、光明网、中国广播网、中国新闻网、中青在线，共594名记者领到记者证。搜狐、腾讯等商业网站不具有新闻信息采编权，暂时不考虑在商业网站核发新闻记者证。"[1]同时，对影视剧等广播电视新媒体业务进行许可经营认证的审批部门行政层级都非常高，一般都要在省级以上行政主管部门备案、初审，国家部委最终批准。与传媒企业直接接触和打交道最多的市、县（区）广播电视行政主管部门是没有相关的审批权限的。各相关部门在对广播电视新媒体视听业务

---

①刘雪玉. 首批新闻网站获发记者证商业网站暂不纳入［N］. 京华时报，2015-11-07.

实行严格的准入管理的同时，还对网络企业执行严格的自查制度和报备案制度，作为许可制度的补充。如文化部的《网络文化经营单位内容自审管理办法》，如网信办、新闻出版广电部门做出的"互联网信息服务提供者和互联网接入服务提供者的记录备份应当保存60日，并在国家有关机关依法查询时，予以提供"的报备案规定。

二、细密的内容监管制度

各部门对广播电视新媒体传播内容都做了严格规定。除了党委宣传部门对新闻信息导向和临时性宣传工作的布置和要求外，各级网信办、广播电视、新闻出版和文化等部门对广播电视新媒体宣传信息内容都做了严格规定，还配以更多的临时性通知和阶段性整治行动来补充。

如，文化部对广播电视新媒体禁止传播内容的规定：2011年4月1日实施的《互联网文化管理暂行规定》（文化部第51号令）第十六条规定，互联网文化单位不得提供载有以下内容的文化产品：（一）反对宪法确定的基本原则的；（二）危害国家统一、主权和领土完整的；（三）泄露国家秘密、危害国家安全或者损害国家荣誉和利益的；（四）煽动民族仇恨、民族歧视，破坏民族团结，或者侵害民族风俗、习惯的；（五）宣扬邪教、迷信的；（六）散布谣言，扰乱社会秩序，破坏社会稳定的；（七）宣扬淫秽、赌博、暴力或者教唆犯罪的；（八）侮辱或者诽谤他人，侵害他人合法权益的；（九）危害社会公德或者民族优秀文化传统的；（十）有法律、行政法规和国家规定禁止的其他内容的。2016年12月2日，《网络表演经营活动管理办法》（文化部颁发）又在前面规定的基础上，增加了"表演方式恐怖、残忍、暴力、低俗，摧残表演者身心健康的；利用人体缺陷或者以展示人体变异等方式招徕用户的；以偷拍偷录等方式，侵害他人合法权益的；以虐待动物等方式进行表演的；使用未取得文化行政部门内容审查批准文号或备案编号的网络游戏产品，进行网络游戏技法展示或解说的"5种行为。2014年以来，由网信办牵头，文化、广播电视和新闻出版部门参加的专项整治行动也十分频繁。同时，配合部委的各地、各级主管部门各有侧重的行动也频繁开展，如"扫黄打非""版权保护""正版化""电视剧插播广告""专家主持人坐台医疗广告""明星代言广告"整治，等等。

三、敏感的意识形态保护制度

当今世界并不太平，还存在社会制度、宗教信仰、文化传统、社会认同上的差异，大国博弈，除局部热战、贸易战、间谍战等显性战争外，还存在意识形态战场上的隐性战争。2020年，在新冠病毒和金融危机双重打击下，保守主义、民族主义、民粹主义重新抬头，英国脱离欧盟，美国采取"美国优先""产业链回国""中美脱钩""制裁中国高新技术企业"等政策，全方面遏制中国崛起，中美对抗加剧，不同信仰、不同文化认同、不同政治制度的国家之间，在固有力量对比发生重大变化，新平衡尚未出现的节点，冲突更加频繁、激烈。在被问到中美对抗背景下，各国、各地区该如何开展竞争合作时，欧盟理事会主席夏尔·米歇尔说："欧盟与美国紧密相连，不但共享理念和价值，并经历过历史考验，尽管双方偶尔存在不同做法或利益，但这仍体现至关重要的跨大西洋联盟当中。"意识形态之争蒂固根深，涉及国家、民族、政党核心利益，是原则底线之争。

以美国为首的西方国家十分善于在敌对或不同政治体制和宗教信仰的国家中散播"民主""自由""创新"价值观念，在敌对国家或竞争对手中培植反动势力，最终达到推翻异己国家的目的。这就使得保护本国主流价值观念，确保意识形态安全的战争日益成为国与国之间斗争主战场。因此，世界各国都十分重视本国民族文化、价值观念和意识形态的保护，有在言论和新闻出版领域执行了更为严格保护政策和手段的趋势。但意识形态领域的斗争十分隐蔽，反动言论和颠覆行动等显性犯罪可直接使用刑法中的"颠覆国家安全罪"量刑惩处，但大多经过包装、迎合式的意识形态推销十分隐蔽，需要提高警惕和辨别力才能有效防范。因为没有专门的新闻出版法，这些辨别工作就成了专业部门和少数个人掌握的"特别技术工种"，敏感神秘，不可言说。也使少数别有用心的特权官员热衷于故弄玄虚，用人治代替法治，为保底线，层层加码，以长官意志进行"宁可错杀、不可放过"的监管，使特殊成为特权。原司法部部长张军在党的十九大通过党章修正案把习近平新时代中国特色社会主义思想确立为党的行动指南的背景下，解释如何做好新时代全民普法工作时说，"新时代越是强调坚持党领导一切，就越要求把党章关于'党必须在宪法和法律的范围内活动'的规定落到实处，就越要求全体党员在工作生活中做到模范遵守党章党纪和国家法律法规""提高全民族法治素养核心在于培育全社会法治信仰"；在执法实践中，执法机关、执法人员要做到"不仅要在每一起案件中实现公平正义，而且要让人民群众在每一起案件中感受到公平正义；达到办理一案，教育一片的效果"（《学习时报》2017年12月1日）。

在执行最为严格的意识形态保护措施的基础上，各部门也不断出台了对企业发展正向引导扶持的规制，期望主流意识形态在"观点的公开市场上"占据绝对位置。如2017年1月中办、国办联合印发的《关于促进移动互联网健康有序发展的意见》第十三条，"繁荣发展网络文化。加大中央和地方主要新闻单位、重点新闻网站等主流媒体移动端建设推广力度，积极扶持各类正能量账号和应用""加强新闻媒体移动端建设，构建导向正确、协同高效的全媒体传播体系""在互联网新闻信息服务、网络出版服务、信息网络传播视听节目服务等领域开展特殊管理股试点""大力推动传统媒体与移动新媒体深度融合发展，加快布局移动互联网阵地建设，建成一批具有强大实力和传播力、公信力、影响力的新型媒体集团"；第十五条，"维护用户合法权益""完善移动互联网用户信息保护制度，严格规范收集使用用户身份、地理位置、联系方式、通信内容、消费记录等个人信息行为，保障用户知情权、选择权和隐私权"。国家新闻出版广电总局2017年3月3日《关于2017年度网络视听节目内容建设专项资金扶持项目申请事项的通知》："对优秀原创节目、重大宣传项目、台网融合案例、传播创新产品、优秀内容管理项目、重点推广项目、优秀研究成果七个方面进行扶持。"

四、对部分国产电影"越墙"评奖，回归放映的默许

随着我国电影院线制改革，华语电影迎来了难得的黄金发展期。截至

2016年，"全国新增银幕总数41179块，成为世界上银幕最多的国家；总观影人次达到13.8亿，首次超过中国人口总数，这一数据也首次登顶全球；全年上映466部电影，票房为457亿元，其中，国产电影票房266.6亿"。①

电影是极具影响力的艺术种类，对于"讲好中国故事"、文化走出去、增强国家文化软实力有重要作用。但我国没有抓住华语电影发展的良好势头，在国内每年近700部的影片产能中，除了近400部能够在国内院线上映外，在国外的份额和影响极其微弱。我国对电影创作、生产、发行和交流都实行了严格的许可制度。2017年3月1日前，国产电影执行的是2002年2月1日起实施的《电影管理条例》；2017年3月1日，国家正式出台并实施《电影产业促进法》，在电影法治管理的轨道上迈出重要一步。但是，无论是先前的电影管理条例还是正在实行的电影产业促进法，对国产影片的国际交流都做了严格规定。两者除强调从事电影创作生产需取得《摄制电影许可证》《电影发行经营许可证》以及《电影放映经营许可证》外，都对参加国际电影展映、节庆活动做了严格规定。如《电影管理条例》第三十五条规定，"举办中外电影展、国际电影节，提供电影片参加境外电影展、电影节等，应当报国务院广播电影电视行政部门批准。参加前款规定的电影展、电影节的电影片，须报国务院广播电影电视行政部门审查批准。参加境外电影展、电影节的电影片经批准后，参展者应当持国务院广播电影电视行政部门的批准文件到海关办理电影片临时出口手续"。第六十条，"未经批准，擅自举办中外电影展、国际电影节，或者擅自提供电影片参加境外电影展、电影节的，由国务院广播电影电视行政部门责令停止违法活动，没收违法参展的电影片和违法所得；违法所得2万元以上的，并处违法所得5倍以上10倍以下的罚款；没有违法所得或者违法所得不足2万元的，并处2万元以上10万元以下的罚款"。第六十四条，"个人违反本条例，未经批准擅自从事电影片的制片、进口、发行业务，或者擅自举办中外电影展、国际电影节或者擅自提供电影片参加境外电影展、电影

---

①阮浩冉，刘江. 2016年，国产电影行业的这一年［EB/OL］.（2017-01-10）［2019-12-21］. 人民网.

节的，5年内不得从事相关电影业务"。

2017年3月1日《电影产业促进法》也做了相应的规定，第十一条，"国家鼓励开展平等、互利的电影国际合作与交流，支持参加境外电影节（展）"。第二十一条"摄制完成的电影取得电影公映许可证，方可参加电影节（展）。拟参加境外电影节（展）的，送展法人、其他组织应当在该境外电影节（展）举办前，将相关材料报国务院电影主管部门或者省、自治区、直辖市人民政府电影主管部门备案"。第三十五条，"在境内举办涉外电影节（展），须经国务院电影主管部门或者省、自治区、直辖市人民政府电影主管部门批准"。第四十九条，"有下列情形之一的，其中，提供未取得电影公映许可证的电影参加电影节（展）的，由原发证机关吊销许可证；县级以上人民政府电影主管部门没收电影片和违法所得；违法所得五万元以上的，并处违法所得十倍以上二十倍以下的罚款；没有违法所得或者违法所得不足五万元的，可以并处五十万元以下的罚款"。第五十二条，"法人或者其他组织未经许可擅自在境内举办涉外电影节（展）的，由国务院电影主管部门或者省、自治区、直辖市人民政府电影主管部门责令停止违法活动，没收参展的电影片和违法所得；违法所得五万元以上的，并处违法所得五倍以上十倍以下的罚款；没有违法所得或者违法所得不足五万元的，可以并处二十五万元以下的罚款；情节严重的，自受到处罚之日起五年内不得举办涉外电影节（展）"。

第四节　我国广播电视全媒体法治管理的机制分析

长期以来，我国对"线上"广播电视新媒体的管理主要由信息产业部门和广播电视部门共同执行，前者偏重于对网络技术、业务、传输前端的审批和产业运营的管理；后者偏重于对网络内容生产、传播的审核和网络传媒行业发展的管理。一个偏重于"渠道和产业"，一个偏重于"内容和意识形态保护"。由于我国新闻等基本传媒立法的缺失，政府机构改革调整刚刚到位，广播电视新媒体法治管理依据不权威、不科学，管理部门界限不清晰、不协调，客观上造成了目前我国线上广播电视新媒体管理"失位""错位"和"越位"的混乱情况，既不利于新媒体企业快速发展，也不利于网络新媒体作为一个整体参与国际竞争。

一、机构重叠，管理混乱

我国对网络音视频管理的法律依据最早可追溯到1997年9月1日起实施的《广播电视管理条例》（国务院第61次常务会议通过），虽然条例制定之初主要针对传统广播电视管理，但对线上广播电视新媒体节目制作许可及规范也同样适用；此后，依次是2000年9月25日实施的《互联网信息服务管理办法》（中华人民共和国国务院令第292号）；2004年10月11日经修订（原广电总局令第15号）实施的《互联网等信息网络传播视听节目管理办法》（广电总局令第39号）；2008年1月31日起施行的《互联网视听节目服务管理规定》（国家广播电影电视总局、中华人民共和国信息产业部令第56号）；2011年4月1日实施的《互联网文化管理暂行规定》（文化部第51号令）；2016年7月实施的《国家信息化发展战略纲要》（中办、国办联合印发）；2016年7月18日实施的《关于进一步加快广播电视媒体与新兴媒体融合发展的意见》（国家新闻出版广电总局）；2016年9月实施的《关于加强网络视听节目直播服务管理有关问题的通知》（国家新闻出版广电总局）；2016年12月1日实施的《互联网直播服务管理规定》（国家互联网信息办公室颁发）；2016年12月2日，《网络表演经营活动管理办法》（文化部颁发）；2016年12月16日，《微博、微信等网络社交平台传播视听节目的管理规定》（国家新闻出版广电总局发布），等等。这些与线上广播电视新媒体（网络音视频信息）相关的管理规定每4年左右出台一部，也反映出这一新兴行业日新月异的变化。同时，各部委还出台一些通知、方案、意见、办法等规范性文件，来适应市场规制需求，辅助管理的完善。2017年1月，中办、国办联合印发的《关于促进移动互联网健康有序发展的意见》；2017年3月3日，国家新闻出版广电总局印发的《关于2017年度网络视听节目内容建设专项资金扶持项目申请事项的通知》；2017年5月2日，国家互联网信息办公室印发的《互联网新闻信息服务管理规定》（2017年6月1日起实施）；2017年5月22日，国家互联网信息办公室印发的《互联网新闻信息服务许可管理实施细则》（2017年6月1日起实施），等等。

细数上述法律规章，除《国家信息化发展战略纲要》面向全社会外，其余均涉及相应的行政管理主体，《广播电视管理条例》涉及"县级以上人民政府广播电视行政部门"和"无线电管理机构"两个部门；《互联网信息服务管理办法》共涉及国务院信息产业主管部门，省、自治区、直辖市电信管理机构和新闻出版，教育，卫生，药品监督管理，工商行政管理，公安，国家安全九个部门；《互联网等信息网络传播视听节目管理办法》《互联网视听节目服务管理规定》《微博、微信等网络社交平台传播视听节目的管理规定》则主要涉及新闻出版广电部门；《互联网文化管理暂行规定》《网络表演经营活动管理办法》则主要涉及文化部门。

1997年至今，既是我国传媒业数字化、网络化和智能化大发展、大繁荣时期，也是我国党委政府机构改革的关键时期。2012—2018年，国家和省级层面实现了广播、电视、电影、新闻出版、版权、文物的整合，成立了省级以上的新闻出版广电局；省会城市和地市（州）实现了文化、文物、版权、广播、电视、电影、新闻出版的整合，成立了文化广电新闻出版局（加挂版权局、文物局牌子）；县区实现了体育、旅游、教育、卫生、文化、文物、版权、广播、电视、电影、新闻出版的整合，成立了文教局、文体局等。这期间，全国宣传思想文化阵线机构改革大抵如此，但具体到地方也存在情况不一的现象，如上海和天津（直辖市）成立了文广局，深圳（省会城市）成立了文体旅游局，县区级政府更是五花八门，内容别样，叫法不一。旧的机构改革尚未完成，同一时期，国家又成立了工业和信息产业部（2008年）与中央网络安全和信息化领导小组（2014年2月27日）等新的网络传媒管理机构。加上在网络传媒意识形态和总体宣传导向把控上，宣传部门（如"扫黄打非办"）也经常介入其中，因此，到2018年年底，我国至少有14个以上部门在实际监管着线上广播电视新媒体发展。由于上述部门都是分级垂直管理，行业日常管理虽然以"属地管理"为主，但经常会有各种"专项行动""督办案件""突击检查"，处于生产一线的网络传播企业实际上经常要面对国家、省、市、县四级56个部门的重叠监管，行业发展和管理异常嘈杂、混乱。2018—2019年年底前，新一轮党委政府机构改革工作结束，全国新闻出版、版权、电影管理职能统一划归党委宣传部门，实现了全国的一致；但广播电视管理职能改革和机构搭建未能做到中央省与市县的上下一致，市县以下也情况不一。随后，2020年上半年，政府序列的文化广电和旅游部门指导联系单位划归宣传部门。至此，从管理体制机制改革上看，宣传思想文化阵线管理主要职能归党委宣传部门，起到了在体制和运行机制上加大管理力度的作用，同时，同为各地党委宣传部门领导的网信办在与宣传思想文化阵线单位联合立法、执法和协调方面更加便捷，也在一定程度上减少了部门衔接沟通的困难。

二、立法滞后，腐败高发

因为《新闻法》等传媒母法的缺失，直接导致了我国广播电视规制管理主要依靠行政命令来实现。这种监管因为没有一部全国通用的共同法规来规范和约束，部门意志、地方意志、少数人意志，甚至是个人意志在实际掌控着广播电视运行发展，这为"权力寻租"等腐败行为提供了便利。

2019年1月25日，中共中央政治局在人民日报社就全媒体时代和媒介融合发展举行第十二次集体学习会议，习近平总书记指出："准确、权威的信息不及时传播，虚假、歪曲的信息就会搞乱人心；积极、正确的思想舆论不发展壮大，消极、错误的言论观点就会肆虐泛滥。"部门行政规章式的监管在遇有突发重大事件报道时，因无法可依，会导致两种情况发生：一是新闻媒体等待党委宣传部门的命令和口径，坐失良机，而使新闻报道延迟和缺位，出现受众不能通过新闻媒体正常报道来了解事件真相、事态发展，出现新闻报道真空；二是各种社交媒体、人际传播和外媒来大量填充信息真空，强烈的信息饥渴也会使受众对各种渠道的信息饥不择食，为假新闻、假信息、谣言盛传提供温床，使政府工作处于被动状态。2006年，《国家突发公共事件总体应急预案规定》出台，要求"突发公共事件的信息发布应当及时、准确、客观、全面。事件发生的第一时间要向社会发布简要信息，随后发布初步核实情况、政府应对措施和公众防范措施等，并根据事件处置情况做好后续发布工作"。随即，2007年国家颁布实施《中华人民共和国突发事件应对法》，规定政府"应当按照有关规定统一、准确、及时发布有关突发事件事态发展和应急处置工作的信息""及时向社会发布有关采取特定措施避免或者减轻危害的建议、劝告""迟报、谎报、瞒报、漏报有关突发事件的信息，或者通报、报送、公布虚假信息，造成后果的"，要承担法律责任。此后，我国关于重大突发事件事故报道有了较大改善，政府新闻发言人和发布制度对新闻报道舆情走向也有了专业化的处置。

一些研究新闻法律的专家认为，新闻自由和新闻媒体的管理是否达到及格线，有无专门的法律是一个重要标准。"怎样达到起码的及格线呢？那就是新闻实行法治。没有法治，只有人治，新闻自由度最好的情况下也只会是不及格"。[1]只有当法律和法的精神被真正认可并实践，成为每个国民内化于心、外化于行的准则和标准时，即信仰转变为制度，制度转变为经济的演进，我们的媒介法制建设就取得了巨大突破和进步。

三、内耗严重，效率低下

由于广播电视新媒体管理机构重叠，内容监管立法滞后，因此造成广播电视新媒体管理内耗严重，效率低下。信息产业、电信运营、无线电、宣传、广播影视、新闻出版、版权、教育、卫生、药品监督管理、工商行政管理和公安、国安等各个部门各有侧重，自成一体，自说自话，相对封闭。这种"多龙治水"交叉边缘领域的处置方式，对于执法和管理难度大的，借口法律界限不清，经费紧张、人手不足，互相推诿；对执法和管理难度不大、有利可图的，大伸其手，越界管理。而各种烦琐的行政规章、规范性文件不断出台，各部门在立法过程中，"屁股指挥脑袋"，不能统

---

①孙旭培. 中国新闻法风风雨雨三十年立法［J］. 炎黄春秋. 2012（2）：3.

筹安排，着眼大局，认真坐下协商，重复规制或规制空白的情况时有发生，造成日常行政执法混乱和困难。行政规章式的方法反映到日常管理和执法层面，就是"效率低下"，甚至是监管空白或无效监管，造成整个文化市场监管走向以临时集中整治行动来主导的局面，这在网络传播时代既不合时宜，又蠢笨无力。如伴随我国网络直播企业迅速增加，在网络直播市场上，也出现大量低俗暴力内容，虚假广告、侵权盗版、侵犯隐私、损害名誉权等违法乱纪行为时有发生，还有拜金主义、享乐主义、奢靡之风逐渐流行的不良趋势。为此，国家网信办、文化部和新闻出版广电总局在2016年年底，开展了一场较大规模的联合执法和集中整治行动，"国家网信办、文化部、新闻出版广电总局近日组成联合检查组，对网络直播平台进行专项检查。为解决网络直播乱象，针对检查组开出的'处方'，YY、花椒、映客、斗鱼等主要网络直播平台连日来封禁违规主播账号3万多个，关闭直播间将近9万间，删除有害评论弹幕近5000万条"。[①]这次联合整治行动，主管部门要传达的是国家要严管这类行为的决心，打击力度很大，要形成"高压"态势，震慑不法企业。

当前世界范围内的互联网产业竞争十分激烈，广播电视新媒体技术发展日新月异，新产品、新业务层出不穷，时间和效率决定了产业的成败。因此，发达经济体已经将网络产业发展上升到国家战略，积极扶持和打造一批世界级的网络新媒体企业集团，以确保本国在新一轮产业竞争中占据领先优势。互联网产业的竞争归根结底是国家产业政策和规制水平的竞赛，广播电视新媒体是互联网产业重要组成部分和竞争的重点。无论是技术研发（5G、VR等等）、资本投放，还是传统客户维系和新客户争夺，都是围绕快速、智能、便利、高清的视音频信息服务展开。而这一切的竞赛都将由一个个广播电视新媒体企业来实施，任何与新经济相违逆、与新业务相背离的管理方式和办法都将成为新媒体发展和参与国际竞争的负担。

---

① 国家网信办等三部门组成联合检查组大力整治网络直播乱象［EB/OL］. 中国网信网，2016–12–30.

第六章　国外广播电视全媒体法治管理实践

　　"规制"一词源于西方，是发达经济体在产业领域里，对效率与公平价值平衡目标不断追寻和探索的结果。规制的理念、思想很早就被国外应用于广播电视传媒管理领域，并取得一定成功经验，这对研究我国广播电视管理和全媒体规制有重要的参照和借鉴作用。

第一节　规制理论的萌起及演进

　　规制是政治学、经济学、文化学、社会学、法学和新闻学等多种学科共同研究的对象，其概念提出和理论建构可追溯到20世纪六七十年代。一般认为，规制理论由经济学发展而来，在20世纪30年代前，西方国家一直奉行自由竞争的"经济自由主义"；但到20世纪30年代中期，伴随垄断的最高形式——金融寡头的出现，西方主要资本主义国家陷入严重的经济危机，凯恩斯的"国家干预主义"理论被广泛接受，成为各国制定政策的主要理论依据。此后，又经历了20世纪70年代的经济"滞胀"，凯恩斯"国家干预主义"理论受到质疑，新经济自由主义再度兴起，一直持续到20世纪90年代，经济严重"衰退"，国家干预主义再度复活。在这一循环往复、"螺旋式"上升变迁后，自由竞争主义和国家干预主义理论都得到必要的修正和完善，以适应经济政治文化全球化、一体化的发展实践。规制的概念和思想逐渐代替了传统的干预、管制、控制的管理思想认识，"当代西方规制理论就是从国家干预主义理论中派生出来的。它主要研究在市场经济体制下政府或公共机构如何依据一定的法律、法规对微观市场经济行为进行制约、干预和管理。其早期代表作是1970年卡恩的《规制经济学》"。①

斯蒂格勒从规制起源的角度解释了规制，认为规制通常是产业争取而来的，规制的设计和实施主要是为规制利益服务的。后现代社会学家米歇尔·福柯用一个类似的概念来研究规制，他在《规训与惩戒》一书中创造性地使用了"规训"一词来研究管理问题。"他运用谱系学方法揭示了17—18世纪不同形式的惩罚中，权力、知识和身体的历史演进、控制手段的本质，并重点揭示了权力的微观运行机理，视'规训'为一系列目标、技术、手段、程序的'集合体'"。②卡恩认为，作为一种制度安排，政府规制是"对该种产业的结构及其经济绩效的主要方面的直接的政府规定，如进入控制、价格决定、服务条件及质量的规定以及在合理条件下服务所有客户时应尽义务的规定"。③

总体上讲，从规制理论兴起至今，"西方规制理论大致经历了公共利益规制理论、利益集团规制理论、激励性规制理论、规制框架下的竞争理论的四大理论变迁"。④公共利益规制理论、利益集团规制理论主要解决的是政府规制的正当性和为什么要规制的问题。公共利益规制理论是建立在三大假设之上的：一是市场自身运转先天不足，存在着无效率或不公平状况；二是政府规制是低成本、高效率的解决手段（理查德·波斯纳概括公共利益理论存在的前提是自由市场自身运行的脆弱和无效率以及政府规制的无成本）；三是政府是正义的、能实现社会福利最大化的不二选择。其理论大厦建立的前提是有一个能够代表公共利益、充满正义，能力超强、无所不会，慈善、人性化、脱离低级趣味、纯粹完美的全能政府的存在，而这在现实社会中是不可能存在的。维斯库兹和哈瑞顿对公共利益理论对市场失灵纠错分析提出质疑和批评，认为规制存在正当性是对潜在社会净

①沈乐平. 当代西方规制理论和我国企业集团发展现状［J］. 暨南大学（哲学社会科学），2000（11）：121.

②汪桥红. 网络社会的规训：寻求公共秩序与个性体验的平衡［J］. 理论学刊，2015（10）：70.

③钟庭军，刘长全. 论规制、经济性规制和社会性规制的逻辑关系与范围［J］. 经济评论，2006（2）：146.

④张红凤. 西方政府规制理论变迁的内在逻辑及其启示［J］. 教学与研究，2006（5）：70.

福利的追求，规制因此被公众需求，但公共利益理论没有回答政府和规制机构是如何完成对社会净福利追求的，没有进行实证检验。虽然公共利益理论主张对自然垄断和人为垄断，以及外部效应和信息不对称等进行干预和规制管理，但很多运输、保险产业一直存在着价格和进入规制，这些规制的存在没有与外部经济或外部不经济存在必然联系。现实更多的是利益集团和企业通过院外活动来要求规制，以寻求在正常利润水平之上的利润，而要满足所有企业和利益集团的超利润需求是不可能的。因此，公共利益理论更大的意义在于回应基于美好期待的规制正当性需求的理论假设上。

利益集团理论前提"逐利是市场经济参与各方的本性"，无论是以政府形象出现的规制提供者，还是以不同利益集团形象出现的被规制者都首先是"经济人"，都是有着"自利"和"逐利"天性的阶层或群体。在市场实际运转中，利益集团为确保自己利益的最大化，只关心和寻求满足自身利益需求的规制，逐利是其本性，也是其标签；规制提供者同样也有着阶层或个体的自利需求，政客或规制机构有着权力寻租的冲动和诱因，存在通过部分让渡自己的基础性资源——强制权，满足阶层或少数人私利，破坏规制供给的巨大可能。规制有向利益集团倾斜，并最终倒向利益集团怀抱的巨大牵引，由此，西方在20世纪六七十年代，形成了"规制俘虏理论"，即规制供给者最终都会被利益集团所控制和俘虏，从而提供适应厂商诉求的规制需求，规制机构进而也被俘获，最终都成为产业的俘虏。规制最终只能作为所要规制的产业和领域的"俘虏"，出台提高该产业和领域利润的规定，而不是增加社会福利的法规。因此，在实践运转中，规制供给方和需求方就是通过这种妥协和默契，来规范和选择自我行为，从而谋求自身利益的最大化。利益集团理论更加接近现实，并揭示了规制不一定与市场失灵存在"正相关"的问题实质。利益集团理论的假设是规制偏袒厂商和生产者，但利益集团理论并没有揭示厂商是如何俘虏规制供给者的，规制的其他参与者和利益集团为什么没有最终俘虏规制机构。利益集团理论也解释不了规制对小企业以及铁路、航空、通信等公共行业实施交叉补贴和特定时段对石油、天然气、有线电视定价放松规制是一味迎合利益集团追求超额利润的行为。

1971年，斯蒂格勒出版了《经济规制论》一书，打破了传统规制作为政治学范畴研究的局限，将其引入经济学领域，并用经济学方法来反观和分析规制的产生，使规制成为经济系统中的一个变量，解释了规制的产生是由需求和供给决定的。斯蒂格勒模型有三个重要因素，即规制立法重新分配财富；立法设计追求政治支持最大化；利益集团为获得有利自身的立法通过提供政治合作的方式展开竞争。由于相对消费者来说，企业是少数，有更多的同质性，花费较小成本就可以组织起来，比消费者有更强的行动激励性和纪律性，规制最终会使组织良好的利益集团受益。斯蒂格勒"生产者总能赢"的思想反映出学界对企业大、坏、敢于冒险和消费者弱、小、缺乏组织的情感认知。佩尔兹曼进一步完善了斯蒂格勒经济规制理论，佩尔兹曼模型的关键假设在于控制规制立法的个体会选择使其政治支持最大化政策，在制定政策时，立法者决定了受益集团的规模及向他们转移财富的多寡。

经济规制理论将西方规制理论研究推进到激励性规制理论和规制框架下的竞争理论阶段。如果说公共利益理论和利益集团理论要解决的是规制存在的正当性和为什么的问题，那么激励性规制理论则要努力回答的是如何规制的问题，如价格和进入控制的问题，在市场运行的实践层面解释强化规制和放松规制的原因。激励性规制理论重新审视了规制供给方与需求方的地位和信息匹配的情况，发现了公共利益理论和利益集团理论将规制机构视为"黑箱"，不可触摸或视而不见，忽视了规制供给需求双方的信息不对等的问题，从而引入"委托—代理"理论分析，更加重视供给者自由裁量权过大的现实，同时，打开了规制机构在公共利益理论和利益集团理论那里的"暗箱"，反思了规制机构实际运作中政治家与其代理人之间的关系，在规制供给者（规制机构）和需求者（利益集团）之间增设了一个委托人——监督者（国会）的角色，来打开"暗箱"盖子，实际运作和解决三者之间的委托代理关系，确保社会福利和各方利益的实现。

规制框架下的竞争理论将研究重新拉回到原点，也是一种理性的回归，重新思考"为什么而出发"，关注规制成效测量和检验，规制效果如何的问题，努力在规制和自由竞争之间寻找平衡。恰当的平衡和最优配置是西方规制研究的永恒追求，如影响较大的政策发展设计有：杜普伊—霍特林定价模型，拉姆齐—布瓦特定价模型和回报率规制模型等，在西方规制管理中都发挥了一定作用，并有一定积极的探索，但所谓的最优政策设计在理论假设、现实的多样性以及国体性质的差别面前，不可能成为包治百病的神药，只可作为规制理论脉络的梳理和解决国内规制现实问题理论研究的参照。

第二节　国外规制理论在广播电视领域的应用

规制的全部努力实际就是在效率与公平之间寻求最佳平衡点，以确保在公平前提下的合理竞争，激发活力，提高效率，因此，在集"维护社会正义和追求商业利益"于一体的媒介传播领域，规制所具有的"天然"的"媒介天平"属性，使其在媒介管理方面大受欢迎。规制对"媒介天平"平衡点的守护是需要有人不间断地观察和监督的，以便在其偏离或偏离过大时，及时预警或督促规制制定者及时加以纠正。因此，在广播电视传媒领域的规制效果需要测量，在广播电视领域里的规制内容需要梳理，在广播电视领域里的规制精髓需要提炼。

一、国外广播电视规制效果测量研究

规制寻求的是对市场资源和各种生产要素的最优配置（帕累托最优配置），从而取得最高生产效率和最佳社会成果。帕累托效率是一种理想状态（假定在生产技术和消费者偏好都是不变的前提下），其目标是实现社会福利的最大化，即在固定人群和行业内，通过"在没有使任何人境况变坏的条件下，至少一个人的境况变得更好"的资源配置，渐进地推进交换最优和生产最优，从而，寻求一种再没有改进余地的最优资源配置状态。为寻求传媒行业内资源分配管理的帕累托最优，避免垄断僵化，形成媒介企业间的适度竞争，发达经济体政府和科研机构推出了一些测量行业发展指数变化的管理方法，来实现对行业发展和状况的监测，为政府对媒介行业规制管理提供依据和参考。

1. 赫芬达尔—赫尔希曼指数（HHI）

赫芬达尔—赫尔希曼指数是一种测量产业集中度的综合指数，是美欧等西方国家规制机构在行业监管中经常使用的一种指标体系。自1982年以来，美国司法部和联邦通讯委员会采用此参数作为反托拉斯的依据。赫芬达尔—赫尔希曼指数具体是指一个行业中市场主要竞争主体（一般采取某一市场上50家最大企业），每一家企业所占市场份额百分比（分子）的平方和，得出HHI数值，用以测量该行业厂商规模的离散度。HHI数值越大，表示市场垄断程度越高。当HHI=0时，为完全竞争状态；HHI<1000时，为非集中市场；HHI>1000时，适度集中市场；HHI>1800时，为高度集中市场。赫芬达尔—赫尔希曼指数既能反映出某一市场内较大企业的市场份额，也能反映大企业之外的市场结构，可以更加准确地反映大企业对市场的影响程度。在传媒行业内，美国科研机构和专家曾对本国的相关产业部门做过长期研究。如美国哥伦比亚电信—信息研究所诺姆教授对1980—1996年的电信产业各部门（包括电信、传媒、互联网、有线电视等）的市场集中度进行测量，得出整个美国电信1980年HHI>3500，属于高度集中，1983—1984年AT&T分拆之后的总体集中度逐步下降，1996年被管制的电信产业的HHI处于历史最低点，一度低于1800，属于适度集中市场。这些类似的对市场规制对象测量研究，为1996年美国《电信法》出台提供重要依据。

2. 简单集中率（CR、CR4或CR8）测量

其计算方法是：根据企业总收益或市场占有率（如发行量或者收听收视率），计算某行业排名前四位或者前八位的厂商总收益（或市场占有率）占整个行业总收益（或市场占有率）的比率。如果CR4≥50%，或者，CR8≥75%，那么，这个市场就被认为是高度集中的。欧洲各国研究者通常根据CR3来判断传媒集中程度：0<CR3≤35%为低集中度；36%≤CR3≤55%为中集中度；CR3≥56%为高集中度。这种方法既可以用来测量行业内集

中，又可以测量跨行业集中。跨行业集中要用加总集中率（the weighted aggregate CR4 or CR8）来测量。[①]

3."媒介选择或然率"公式

现代传播学泰斗，传播学奠基人施拉姆提出受众选择媒介的或然率公式，他认为，人们根据传播媒介及传播讯息等因素而选择不同的传播路径。总体上，"受众往往会选择一个最能充分满足其需要的途径，而在其他条件完全相同的情况下，他们会选择能够最方便而迅速地满足其需要的途径"。[②]

用公式表述：报偿的保证÷费力的程度=选择的或然率

报偿的保证指传播内容满足受众需要的可能性；费力的程度指得到这则内容和使用传播途径的难易情况。

受众在选择媒介和具体的媒介产品时，大抵会从这两个方面进行考察。传播媒介也应从这两个方面研究受众为何偏爱某一媒介，为何会钟情某档栏目。

这三种关于市场集中度和受众媒介选择测量方法，是美欧等西方国家对传媒行业规制效果进行跟踪测量的常用方法，也是到目前为止，较为有效的媒介传播规制效果测量办法，可以作为我们研究国内广播电视集中度测量和监测媒介规制效果的指标和方法。

二、国外广播电视规制模式转变及趋势

在信息技术的冲击下，媒介规制管理理论和实践都发生了根本性的改变。"只有尚未被信息范式改造的学科，而没有信息范式不可改造的学科。信息时代科学也如这一时代的社会、经济、生活一样，正面临一个全面信息化的发展过程。这就是科学的信息科学化"。而"在统一信息科学

---

①俞国明，戴元初. 如何评估媒体规制的构建效果（上）［J］. 新闻与写作，2008（11）：25.

②胡正荣，段鹏，张磊. 传播学总论（第二版）［M］. 北京：清华大学出版社，2008：194—195.

理论的框架内，人类的哲学和科学，也包括工程技术，必将会以某种互动融合的方式发展，这样一种发展趋势，必然会导致人类知识的发展再度达到某种统一而综合的全新形态"。①在信息化浪潮下，广播电视媒介管理模式也受此影响，出现新的变化。

在现代社会中，不同的国家性质和政治体制对媒介实行不同的控制方式，总体上讲，目前当今世界政治权力对社会传播控制方式共有三种："第一种是国家控制式。这种控制方式以国家统治者的个人意志或者执政党的权力意志和政党利益为主宰，对大众媒介进行专制性控制，传播内容需要符合特定的审查制度才能得到传播。第二种是法律控制式。也就是说大众传播媒介虽然是不受政治权力直接约束的独立的社会组织，但是政治权力制定的相关法律条款会规定大众传播媒介的作用和行动范围，如果其传播活动超出这个范围就会受到法律制裁。第三种是垄断控制式。政治权力对特定的传播媒介组织实行国家占有或国家垄断，经营主权属于国家管理下的公营制或者公私合营制，从而对媒体的传播行为进行参与介入式控制。"②

西方广播电视规制主要依靠法律和政府管制两种手段，不同时期各有侧重。鼓励市场竞争，媒介市场成长期，为刺激产业发展壮大，以降低门槛，鼓励竞争，释放活力为主，这时，偏重于法律监管，政府管制次之，政府尽量减少干预，以市场自治为主；竞争出现垄断，效率低下，公众利益受到侵害，公益性让渡商业，政府干预就多一些，法律作为底线，政府管制唱主角。总之，政府规制的使命和任务就是寻求产业增长效率和确保公共福利的均衡。基于此，"美国公共政策学派代表人物哈维克（John.J.Havick）曾概括传媒政策制定的四种理论模式：一是经济规制，指以经济效率为标准，强调实施规制中的产业主导原则，在此基础上制定政策；二是新多元主义；三是多元主义；四是政府主导，指政府依据自己的偏好制定政策，实施政府行为"。③按照哈维克的理论，在世界主要发达经济体关

①邬焜. 信息哲学对哲学的根本变革［J］. 中国人民大学学报，2016（6）：132.
②张宁. 媒介社会学［M］. 广州：中山大学出版社，2019：170.
③朱春阳. 传媒产业规制：背景演变、国际经验与中国现实［J］. 西南民族大学学报（人文社科版），2008（3）：171.

于广播电视的规制中，美国传媒政策显示了多元主义和经济规制的博弈，强调平等竞争和节目的多元化；英国则倾向于多元主义、新多元主义和政府主导的联合公共利益至上；韩国和日本则更倾向于政府主导与经济规制融合，前者更显示出对经济效率的偏好，成就经济追赶，后者在寻找二者平衡中更偏向于公共性。

老牌资本主义国家英国广播电视管理很具代表性。以英国BBC管理模式改变为例，BBC自创办以来，主要经费来源为电视执照费，一般为"每户每年104英镑，BBC每年可以从中获得23亿英镑经费。"[①]这在很大程度上确保了BBC能够不以纯商业利益行事，担负起较大文化公益性责任。英国对BBC等大型电视台的政策保护是以电视机构确保生产较高水准的电视节目为前提，这也决定了包括BBC在内的英国电视机构要集中力量，创办优秀的电视节目。政府政策划定和媒体使命担当，决定早期BBC实行自上而下的一体化"垂直管理"模式。经费的相对宽松并稳定保障，使大多数BBC电视节目制作人员不必关心节目制作成本、收视率等，从而专心于提升节目质量和创新，按制片人、节目总监和台长意图完成节目制作是头等大事。但这也造成频道和栏目中个人意志代替集体意志的人治情况严重，以及生产效率低下的问题。为改变这种低效率，1990年，英国政府出台《广播电视法》，引入市场竞争机制，规定"ITV和BBC不低于25%的非新闻节目必须由独立制作公司提供"。自此，独立公司获得一定发展，致力于收视率广告收益的ITV和致力于执照发放的BBC两家电视机构垄断英国电视市场的情况有所改观。此后，BBC内部权力中心从节目部门转换到电视台管理部门手中，电视节目制作以收视调查和观众喜好为指引，制作和播出分离，实行英国人称之为"漏斗式的创作"运营模式。约翰·博特时期，对BBC进行了"效率优先"的全面改革，具体是建立了"制片人的选择""制播分离制度化""强化中央控制"，改革使BBC运营成本有所下降，提高了效率，但也带来挫伤内部团队精神、资源不能共享的负面作用。

---

①Kim Gordon. 英国广播电视管理模式变革及其分析［J］. 钟新，译. 环球新视野，2001（4）：63.

　　英国政府对BBC、ITV等国内广播电视机构管理改革以及BBC因适应国内政策、市场环境变化采取的针对性管理探索是西方国家广播电视管理历程的缩影。随后，由于互联网的兴起，传统广播电视媒体整体衰落，广播电视生存环境、发展趋势和管理模式都发生重大改变。广播电视顺应新媒体发展规律，鼓励和支持竞争，确保媒介领先优势和国家利益成为新规制的重点。"规制改革的取向是放宽市场准入、倡导竞争、吸纳投资；规制重心从结构规制向行为规制转移"。[①]世界各国规制改革的模式也越来越呈现从传统"纵向分业"规制模式向"横向分层"规制模式的转换，规制机构从分立机构向融合机构转变。但2008年以来由美国引发的世界金融危机困局久久不能破解，美国霸主地位衰落，欧盟纷争，发达经济体在对外政策方面出现退缩自保的倾向，在广播电视规制（主要是线上广播电视新媒体和创新型广播电视新媒体规制）研究和实践中，也同样出现保守主义倾向。各国更加关注互联网国家主权、安全、反恐、本国经济、本土文化保护等领域，共同的世界责任担当意识弱化，特别是网络社交媒体出现后，各国民族主义抬头，民粹主义和保守主义回潮，发达经济体在媒介规制政策制定和实施方面，有退出"全球化""一体化"国际格局，走"国家利益至上"的新保守主义管理模式的总体趋势。在"英国脱欧公投"和"美国优先"（新移民禁令、美墨边境隔离墙、加拿大石油管线、制造业回国、制裁限制华为等中国企业）中，体现得十分明显。但全球化、一体化浪潮是顺应技术和经济社会发展规律的自然反应，新的闭关锁国政策只能是临时性的自保，"技术赋权"（网络空间给予网民的"疑似"平等权）冲动和世界命运共同体的建构，在首尾两端同时推动，5G、大数据、数据链、数字云、物联网、虚拟现实、人工智能、身联网等信息传播新技术打造的真正意义的人类地球村"网络世界""网络社会"，70亿人在线、即时、交互、观看和选择广播电视新媒体节目的日子终将到来。

第三节　国外现行媒介规制政策特点及趋向

伴随网络新媒体的快速发展和国际竞争的需要，发达经济体在对本国媒介管理机构进行整合，实行统一管理的同时，也对本国媒介规制进行大幅革新，在1995—2005年的十年间，密集出台了一些媒介行业法律法规，指导本国广播电视新媒体发展。

一、规制机构建设的关键词——独立统一

在国际广播电视全媒体规制机构建设方面美国走在世界前列，并处于十分有利的位置。如实际主导国际互联网分配权力的互联网名称与数字地址分配机构（ICANN）设在美国，美国国内整合了广播电视和电信职能，成立了独立的网络和媒体规制机构——美国联邦通信委员会（FCC）。加拿大也是如此设计，设立了广播电视电信委员会（CRTC）。其他发达经济体也都顺应互联网发展规律和趋势，对本国媒介规制机构进行整合，如英国根据《2003年通信法案》，将原电信办公室（Oftel）、广播电视标准委员会（BSC）、独立电视委员会（ITC）、广播管理局（RA）和无线通信管理局（RCA）5个规制机构合并为统一的规制机构——通信办公室（Ofcom）；澳大利亚于2005年将通信管理局（ACA）和广播电视管理局（ABA）合并，成立通信媒体管理局（ACMA）；日本于2001年将邮政省、自治省和总务厅合并为总务省，下设信息通信政策局和综合通信基础局；韩国于2008年成立新的融合规制机构——韩国广播通信委员会，取代原有的信息通信部和广播委员会。我国2011年成立了网络信息办公室，2014年成立了国家网络安全和发展领导小组，统筹起电信、广电和宣传部门对网络媒介的管理，在顶层设计上，探索建立统一的互联网媒介权力机构。但对旧有行政部门整合还没有结束，2019年3月底前，国家和省一级党委政府部门完成了将新闻出版、电影职能划转党委宣传部门的工作，并成立单独的广播电视局；地市以下也完成了将新闻

出版和电影职能划转党委宣传部门的工作，但广播电视基本上都与文化、旅游部门合并，国家、省、市三级广播电视管理机构并不是一一对应的。

二、规制政策建设的关键词——走向法治

（一）美国广播电视立法司法实践

1912年，美国出台的《无线电法》明确了政府对无线电通信规制的合法性；1927年出台的《广播法案》赋予了联邦无线电委员会（FRC）对广播的许可权和管理权；1934年出台的《通讯法案》，授权由联邦通信委员会对广播电视媒体进行监管。70年代以来，随着有线电视和卫星电视带来的新技术革命，美国广播电视频率频道资源成倍增加，频道专业化越来越明显，各个电视台开展"吸引眼球"大战，媚俗、低级趣味、悬疑、凶杀，甚至淫秽色情节目屡禁不绝，美国电视规制管理由最初的主要处理和纠正"资源稀缺""市场失灵"的经济性规制为主向"维持公共利益""保护弱势群体"的社会性规制为主转变。由此，诞生了美国历史上广为关注和广为借鉴的《1996年电信法案》。该法案在放松对广播电视产业的市场性约束的同时，加强了对广播电视低俗、猥亵、淫秽等内容的监管力度，其规制手段也更为多样。法案强令电视台实行节目分级制，电视生产商必须在新产13英寸以上的电视机中加入能屏蔽暴力与猥亵内容的V芯片。但美国电视内容低俗（美国联邦通信委员会明确了"低俗"的概念，即"节目内容中的语言和素材，在当代社会价值观下认为会冒犯到父母，或是描述情色活动与性器官"）的趋势并没有就此得到遏制。"仅2004年，美国联邦通信委员会就收到了关于不健康电视节目的投诉140万件。如对2004年女歌星珍妮·杰克逊在橄榄球'超级碗'总决赛演出中的'露乳事件'投诉就达20多万件。为此，美国联邦通信委员会加大了对广播电视节目规制和监管的力度，2004年对类似事件共开出了790万美元的罚款，其中，向直播'露乳事件'的CBS及其下属电视台开出共计55万美元的罚单"。[①]2006

---

①石长顺，王岩琰.广播电视媒体的政府规制与监管［J］.中国广播电视学刊，2008（1）：30.

年，美国通过了《2005年广播电视反低俗内容强制法》，将播出低俗内容的罚款额度从3.25万美元提高到50万美元。

但1996年美国《电信法》至今仍是毁誉参半，《电信法》实施的第一个五年，电信产业公开交易的股票市值增长了上千亿美元，《电信法》赢得广泛好评。2001年后，整个电信产业处于困境，《电信法》的合理性也受到质疑："按最初设想，《电信法》的实施可以为消费者节省包括'长途电信资费、本地话费和有线电视收视费下调'在内的5500亿美元的花费，但根据联邦通讯委员会的研究数据，1995—2005年，有线电视费率增长了93%，平均资费从22.37美元上涨到43.04美元；预计可以增加150万个就业岗位，支撑经济上涨2万亿美元的预期也没有实现，实际上，到2003年，电信公司的市值下跌了2万亿美元，削减了50万个工作岗位；设想中的电信和有线电视之间相互进入也成为泡影，二者互为壁垒，一些大的广播公司对地方内容的报道日渐萎缩；广播公司推广数字电视的同时，仍然在免费使用额外6兆赫的电视频谱，政府却迟迟没有收回，国库少收入700亿美元，无线通信以及公共安全方面受到损失；《电信法》取消了一家公司12座电视台的限制，把观众占有率上限从25%提高到35%。"[1]导致了节目多样化的减少、地方新闻报道的减少、本地各界人士接触电波的机会渐失。1996年放松规制的《电信法》颁布之后，大众传媒的集中度迅速提升，HHI不断接近1800这一高度集中市场的临界值。同时，新法对电信产业技术重视不够，《电信法》出台的时候，美国只有3700万互联网用户，现今互联网用户已经超过2亿，无线和数据通信各占30%。而在1996年《电信法》的文本中，互联网只出现了11次，宽带和高速只提及1次。当人们想要修改1996年《电信法》法案时才发现电信受益部门开展的院外活动的游说开支情况："1998年以后的几年里，全美最大的8家传媒在政治投资和对华盛顿的游说方面花费超过4亿美元。"[2]

---

①俞国明，戴元初. 传媒规制的应然与实然——以美国1996电信法为标本的解读［J］. 新闻与写作，2008（3）：21.

②俞国明，戴元初. 传媒规制的应然与实然——以美国1996电信法为标本的解读［J］. 新闻与写作，2008（3）：23.

（二）日本广播电视立法司法实践

日本是一个广播电视业发达的国家，日本广播协会（NHK）在世界电视百强中排名第5位，日本电视网、富士电视、东京广播公司、朝日电视台等多家日本电视民企进入世界电视百强行列。日本现有的广播体制是在二战后美国监督下建立起来的。1945年9月10日至10月4日的24天里，驻日"联合国军司令部"接连颁发了《关于言论和新闻自由的备忘录》（1945年9月10日）、《给日本的报纸准则》（1945年9月19日）、《给日本的广播准则》（1945年9月22日）、《政府与新闻事业分开的备忘录》（1945年9月24日）、《关于新闻言论自由的追加措施》（1945年9月27日）、《撤销对新闻、电影、通讯的一切限制法令》（1945年9月29日）、《除去对政治、公民、宗教自由的限制的备忘录》（1945年10月4日）七个政令，废除了日本原有大众传播法令，对日本的新闻体制进行彻底改造。

战后日本自维时期的广播电视管理带有清晰和完整的法治印记。1950年5月，根据"联合国军司令部"的建议，日本政府出台了《电波法》《广播法》和《电波监理委员会设置法》。这三部法律对电信与广播技术问题，公立和民营广播机构的性质、任务、要求以及电波监理委员会的业务范围和管理权限进行规定，三大法律基本上奠定了日本新的广播管理体制，特别是打破了公共广播垄断的局面，形成公共广播与民营广播并立的"双轨制"管理格局。1972年，日本出台了《有线电视广播法》，在操作层面，连同《电波法》《广播法》共同构成日本政府广播电视管理的法律基础。

日本广播电视法律制定虽然在"联合国军司令部"监督指导下进行，但日本政府并没有完全照搬美国模式，而是根据实际，在借鉴美国新闻自由的理念前提下，保留了许多政府管理职能，形成了自己的广播电视管理特色。创造了良好的广播电视发展竞争环境，在广播电视信号全国覆盖等关键政策供给方面，支持NHK公共广播发展，确保主流媒体在意识形态和文化安全上能够占据主动地位。同时，给予民营广播机构以较大的发展空间，形成公用与民营广播电视竞争发展格局。实时跟踪先进技术，适度修订调整法律法规，促进广播电视事业产业发展。其中，"《电波法》出台的前49年里，进行了类似于'制播分离'等管理手段方面的修订共50次，《广播法》29次"。①对外广播电视政策制定方面，严格限制外资进入广播电视领域，保护本国广播电视企业利益。不允许外国公司、个人在日本拥有电台、电视台。"外资在电台、电视台和卫星电视领域所占比例不能超过20%，设备领域不能超过33%"。②对民营广播实行规范管理，实行许可和审查制度，5年更换执照，政府有权要求违规企业停播或吊销执照，实现了民营广播电视的繁荣发展，民营广播机构超过300家，有7家跻身世界百强企业。在促进竞争和保护公众利益方面，做到了有效预防和打破垄断，确保公众权益。禁止民营广播机构跨地区经营，禁止一家公司拥有多个电台电视台，禁止在同一地区同时控制电台、电视台和报纸三类媒体。加强节目内容政府层面的监管和指导，发动社会力量进行监管，要求广播电视台必须设立由社会有识之士参与的节目审议机构。在规制政策制定方面，邀请专业人士参与重大决策。设立"电波监理审议会""电气通信审议会""电气技术审议会""邮政审议会"等咨询机构和"电波管理审议会"等合议审讯机构。日本广播电视规制管理中的法律意识、公共民营共存竞争发展、借助社会力量参与管理等经验值得借鉴。

（三）韩国广播电视法律实践

韩国和日本一样，是亚洲少有的广播电视业发达的国家，特别是新世纪的第二个十年以来，借助中韩频繁的经贸往来和中韩自贸区建设的不断深入，韩国电影、电视剧和娱乐业对中国的营销十分成功，"韩剧""韩潮"等在一段时间里，主宰了国内主要卫视频道的黄金时段，韩国电视娱乐节目输出和影响超过了欧美和日本等国，在中国大陆形成一股"韩流"。2017年2月以来，受韩国要在本土部署美国"萨德导弹防御系统"的政治影响，中韩两国商业和文化交流趋冷，韩国电视对华输出受到不利影响。但韩国广播电

---

①阎成胜. 日本政府对广播电视业的管理及对我国的借鉴作用［J］. 中国广播电视学刊，2001（5）：75.

②阎成胜. 日本政府对广播电视业的管理及对我国的借鉴作用［J］. 中国广播电视学刊，2001（5）：75.

视管理以及文化输出政策的成功经验仍值得我们借鉴。

总体来讲，韩国广播电视管理十分注意对本国资源的保护，保持自身特色，树立文化自信，鼓励文化输出，并将这些政策上升为法律，虽然韩国政坛波谲云诡、风云变幻，但广播电视总体政策并未受到太大影响，确保了韩国广播电视业实现稳定发展和保持较高水准。韩国电视业起步于1954年，1962年6月成立韩国放送伦理委员会，1966年成立民间放送协会。当时的电视台台长由文化公报部任命的政府官员担任，早期电视产业官办色彩浓重。20世纪90年代以前，韩国电视业都表现出典型的寡头垄断市场结构，韩国KBS、MBC、SBS三大电视台垄断了韩国电视收视市场和广告市场，形成了封闭的"制播一体"生产经营格局。为适应技术革新，确保本国广播电视产业持续健康发展，保护公共利益，打破垄断僵化的广播电视发展格局，1999年12月，韩国国会通过了《综合广播电视法》，这是一部对韩国广播电视发展影响深远的重要法典。《综合广播电视法》是一部覆盖了韩国卫星广播电视、地面广播电视、有线广播电视、数字广播电视和新媒体的"多规合一"式的综合性法律。韩国广播电视委员会依此成立，更为重要的是，《综合广播电视法》的实施，真正起到打破垄断，引进适度竞争，满足受众需求的重要作用。

韩国1999年综合广播电视法的主旨和特点有四个方面：一是适度引进竞争。放开对卫星广播限制，规定2001年开办50个卫星电视频道，满足对国外电视节目需求。将外国资本在韩国卫星和有线电视方面的投资限制放宽到33%。二是对电视节目配额做重大调整。规定电视网外制节目的播出比例到2001年增加到40%，其中独立制作商节目份额增加到30%，并且电视网每月黄金时间必须播出15%的外制节目；韩国大型综合性企业可持有有线电视或卫星电视股份33%的股权和有线电视节目公司的100%股权；允许多媒体之间交叉持股，允许有线电视系统运营商和传统有线电视转播运营商之间交叉持股。三是维持广播电视广告事前审查机制，但"广告审议机构由政府移交给民间机构"，淡化政府色彩，交给市场，加强行业自律。四是对本土广播电视和公众利益进行了保护。禁止外资对地面广播电视和有线电视新闻节目投资入股，禁止地面广播电视和有线电视系统之间交叉持股，严格限制有线电视新闻节目公司和购物节目公司，等等。同时，韩国也在电影制作生产领域引进适度竞争机制。为保护本土电影，韩国在20世纪60年代就实行电影配额制度。政府规定，电影公司拍摄国产片和引进进口片之间的比例为4：1，借以保护本国电影。但进口片的高收益与本土片的粗劣使电影公司采取机会主义策略，即为套取进口片配额，电影公司采取了低价、低投入，粗制滥造的拍摄手段，以数量换配额，运作40多年后，本土电影并没有在保护最严密的政策环境下发展起来，出现了政府庇护与发展本土电影产业初衷背道而驰的消极结局。直到2006年，韩国国会通过了院线上映本土影片的最低天数由146天缩减至73天，引进竞争，提高产业活力，情况反倒改观。

（四）马来西亚广播电视立法司法实践

马来西亚在媒介融合规制建设方面比较激进，顶层设计更加注重从新技术发展需要出发，着眼世界，以促进广播电视和网络媒体发展为根本，做了较为彻底的规制改革，在媒介融合、规制创新、发展实践探索方面，堪称改革派。1999年，马来西亚颁布《通信与多媒体法案》，将电信和广播电视中原有31项专项许可管理业务减少到四大类业务：一是网络设施业务，网络设施主要包括卫星地面站，光缆，通信线路和交换器，无线电通信和传输设备，移动通信基站、广播塔和设备；二是网络服务，指支持各种应用的基本连接和带宽业务，包括移动蜂窝、广播分布和移动卫星服务等；三是应用服务，包括语音、数据和电子商业服务，也包括互联网接入、IP电话、无线寻呼和声讯服务；四是1/4内容应用服务，包括传统的广播电视服务、在线出版和信息服务等。马来西亚的规制机构多媒体与通信委员会从1999年开始向这四类业务提供商重新颁发新许可证，2002年全部完成。"马来西亚的改革实现了传媒规制框架从纵向分业向横向分层的完全转变，并且其规制框架的横向分层几乎与传媒产业的横向结构——对应"。①

---

①肖赞军.媒介融合时代传媒规制的国际趋势及其启示［J］.新闻与传播研究，2009（10）：58.

第四节　国外广播电视新旧媒体之间的"暗战"

2016年是新旧媒体决战、新媒体登顶传媒巅峰元年。这一年，先是老牌资本主义国家英国"脱欧公投"，继而是新一届"美国总统大选"，两大世界新闻亦即两大新媒体事件宣告了一个新媒体宰制的新时代来临。同时，也为执政者们重新审视和革新现有媒体规制，尽快完成出台广播电视全媒体管理政策任务敲响了警钟。

一、2016年英国"脱欧公投"——卡梅伦的"失算"

2013年1月23日，时任英国首相卡梅伦首次提及"脱欧公投"，即英国是否脱离欧盟问题进行全民公投。2015年1月4日，英国首相卡梅伦表示，原计划于2017年进行的公投提前举行；2016年6月23日，英国进行了全民公投，最终，以1570万人同意脱欧（占51.9%），1458万人同意留欧（占48.1%），3.7个百分点的差距结果，最终裁定英国脱离欧盟。

"脱欧公投"是英国政治生活中的大事件，而其"脱欧公投"结果超出发起者英国保守党领袖、英国首相设想之外，也让世界各国感到意外。1960年，英国首次申请加入欧盟前身的欧洲经济共同体遭到拒绝，经过13年的努力，于1973年，终成为欧盟成员国。但英国保守党内部有欧洲怀疑派，认为欧盟内部政策对于欧盟有负面作用，进而可能损害到英国利益。2016年的"欧债危机"和欧盟难民政策加深了这一看法，也动摇了更多英国公民继续留在欧盟的信心，并加快了英国"脱欧公投"的进程。同时，对形势的判断和政党利益的驱使使这一进程被更早付诸实施。近年来，英国保守党的支持度萎靡，"脱欧公投"可能获得部分流向支持脱欧的独立党的选票，并可借此与欧盟谈判，使英国在欧盟内部获得更大利益。

让卡梅伦最终下决心做出提前进行公投的决定，企图以一场胜利彻底改变保守党的颓势，进而彻底解决这一英国多年来悬而不决重大问题的一个重要支柱就是对传统媒体的信任。2013年1月29日至2月6日，英国《金融时报》开展了一项"假设明天就举行英国去留欧盟的公投"的民意调查，调查结果显示：在最终参加调查的2114名成年人中，50%的英国人对举行全民公决表示赞同，21%的受访者表示反对；45%的英国人认为，欧盟成员国资格对英国有利，34%的英国人持相反观点；50%的受访者表示，会投票赞成英国脱离欧盟，33%的受访者表示会投票赞成留在欧盟；47%的脱欧支持者表示，如在与欧盟的谈判中能够捍卫自己权益，也可以支持留在欧盟。民调结果显示，民众支持退出欧盟情绪在蔓延。希腊债务危机、欧洲难民政策问题，使持"留在欧盟负担大于收益"看法的英国人的数量急剧增加。对传统媒体的信任，以及传统主流媒体的民调结果和民意趋势，使卡梅伦政府感到必须及时终止国内民众对欧盟怀疑情绪上升和脱欧呼声愈发高涨的势头，要努力把民众留在对保守党支持的阵营中，尽早做个了断，因此，他最终做出提前举行公投的决定。

提前公投决定和公投日期确定后，英国"脱欧公投"立即成为全世界的新闻热点。各国主流媒体对公投的观望、预测，以及公投可能对本国带来的影响的报道连篇累牍，这种第三方立场和观望者的态度与英国国内的剑拔弩张与激烈辩论形成鲜明对比。卡梅伦还是相信传统主流媒体，利用主流媒体公开表达留在欧盟的个人主张，并发挥执政党优势，试图尽最大努力使留在欧盟的主张成为主流媒体的主要舆论导向。但卡梅伦和他的保守党没有足够重视以社交媒体为代表的新媒体影响，抑或是不大善于与新媒体打交道，总之，社交新媒体的平民性、平等性和便利性最终左右了公投事件的舆论走向和民众进行最后公投的意愿，而在这里，保守党政府对新媒体掌控的"缺失性"和"无力感"让媒介研究者认识到，这场公投实际上是以精英为主的传统主流媒体与以平民性、草根出身的新社交媒体的对决，其最终考验的是政府对新媒体的认识、掌控和实际管理的能力。2016年6月24日，英国脱欧公投结果揭晓，超过半数民众支持脱离欧盟。随后，英国首相卡梅伦宣布引咎辞职。在公投结果公布当天就有人发起二次公投请愿，随后的签名人数高达400万人，创英国请愿签名人数最高纪录。可见，公投结果超出执政者的判断，是一次违背执政党政治意愿，执政党输不起却真的输掉了的政治豪赌，也违逆了英国很多普通民众的意愿，国家命运似乎在似是而非中做出抉择。同时，2016年英国"脱欧公投"事件也留给传播学、政治学、管理学、社会学研究者们一个值得思考和认真研究的经典案例。

二、2016年美国总统大选——特朗普"推特治国"

2016年是美国总统大选年，这一年要选举出美国第58届总统。美国东部时间2016年11月9日凌晨1点40分，选举结果揭晓，共和党总统候选人唐纳德·特朗普战胜民主党候选人、前国务卿希拉里·克林顿赢得大选，成为美国历史上第四十五任总统。与5个月前各界对英国"脱欧公投"的预测一样，主流媒体一致唱衰的共和党候选人唐纳德·特朗普成为最终赢家。与英国"脱欧公投"所不同的是，新媒体被竞争中的一方直接搬到前台（特朗普的个人推特），成为与传统主流媒体抗衡的信息传播媒介。2016年美国新一届总统大选更像是一场传统主流媒体（纽约时报、华盛顿邮报、CNN等）与新媒体（网络社交媒体）之间的真正对决，并以新媒体胜出收官，从而，也宣告了一个时代的到来。

传统主流媒体在美国政治生活中占有特殊地位，在"三权分立"的政治体制内，被称为"第四权力"。四十几年前的"水门事件"，尼克松总统曾感慨道："与媒体开战，是一场永远也打不赢的战争。"这种惯性和沉淀，培养了传统主流媒体的"傲慢"性格。在2016年美国总统大选中，传统主流媒体坚持了一贯主张，强调精英治国，藐视平民力量，极力唱衰特朗普。指责特朗普"不能集中注意力超过3分钟""满嘴瞎话"，是一个"通敌卖国""失败的"总统。

美国2016年总统大选候选人特朗普极度"藐视"主流媒体，针锋相对，对怼到底。

特朗普是美国历史上一位反传统，而又特立独行的总统。他一直不信任传统主流媒体，与其势同水火，誓不两立。2017年2月25日，特朗普宣布不会参加2017年白宫记者协会晚宴（而这项美国新任总统活动惯例，在持续将近一百年的时间里，只有1981年里根总统因遭枪击而缺席。白宫记者协会晚宴留下多任美国总统妙语，成为总统向媒体示好，拉近与新闻媒体关系，对外表达施政纲领的重要活动舞台）。但同时，他十分善于利用新媒体，特别是社交媒体——"推特"发表施政主张。这就是特朗普开发新渠道，绕开美国原有的主流媒体（及其背后的控制者），与反对派和传统势力抗衡，保持政令畅通，将政治路线直接推及基层民众的"推特治国"方略。

　　无论从骂战的内容、形式还是最后的结果，特朗普都赢了。"从2015年6月参选开始，特朗普始终坚持做的很重要的一件事，就是让自己的支持者不再信任传统主流媒体。认为传统'主流媒体'已经成了'美国人民的敌人'"。[①]民众的大多数接受了他，"他在支持者眼中，是一个'非凡成功'的总统，而是媒体在'撒谎'。他'改变了他们的命运'，会赶走'非法移民'，帮美国人夺回工作，打败ISIS，让美国重回'美国优先'的价值观，带领美国人民一路走向伟大复兴"。[②]

　　美国媒体的一份调查以民众的视角解读了特朗普与传统主流媒体决战的看法："《华尔街日报》和美国全国广播公司新闻2017年2月26日共同发起的一项新民调，51%的美国人觉得从特朗普去年11月赢得大选以来，媒体对他的态度太过苛刻；41%受访者认为媒体报道'公平客观'；仅有6%的人认为媒体对特朗普批评得太不够。"[③]

　　特朗普对新媒体的态度和做法不是开始于其决定参与总统大选之际，而是更早。据不完全统计，特朗普自2009年3月加入推特至2017年2月正式履职新总统，共发了3.43万字的推文，作为推特上的"网红"，特朗普拥有

---

①祖晓雯．全美主流媒体都在怼他但特朗普拿出了推特［EB/OL］．（2017-02-28）［2019-12-21］．搜狐网．

②祖晓雯．全美主流媒体都在怼他但特朗普拿出了推特［EB/OL］．（2017-02-28）［2019-12-21］．搜狐网．

③祖晓雯．全美主流媒体都在怼他但特朗普拿出了推特［EB/OL］．（2017-02-28）［2019-12-21］．搜狐网．

1930万的粉丝。媒介研究者认为，特朗普发现了一个"抄近路"直达民众的沟通渠道——推特，并且绕过了"主流媒体"和传统新闻模式的循环。特朗普在"宣传"和"自我营销"上的胜利及与支持者的"无缝交流"，其实很大程度上是借助推特和其他社交网站及他的白宫高级顾问兼首席战略专家斯蒂芬·班农的布莱特巴特新闻网，开辟自己的"发声渠道"。通过这样直接回击主流媒体，从而打破媒体掌握话语权的常规格局，使得社交网络媒体成为言论传播新平台。这样做不仅没花钱，而且"极有效率"。哈佛肯尼迪学院舒仁斯坦中心媒体、公共政策和政治研究专业的主任尼可·梅乐分析，特朗普的推特战略或许确实是一项"天才"战略，而且，很可能重塑政治与媒体间的关系。更重要的是，"以这样'非常规'的沟通方式，他就可以做到无论何时何地随时启动'攻击'和表达他想传达的信息"。[①]

反观2016年美国总统大选以及选战后的特朗普对待媒介的态度，我们可以得出这个结论：新媒体占据了美国总统候选人及后来美国新总统的大脑，改变了政党、媒体和受众之间的传统格局，进而，宰制了2016年美国总统大选及后来的美国政治。

美国大选两党政治比拼及其传播效果研究是现代传播学理论研究成果的重要来源，拉扎斯菲尔德关于大选期间媒体对公众投票影响的报告《人民的选择》既揭开了学界、新闻界一直关心的媒体效果到底无限还是有限的谜底，也提醒了美国总统候选人要如何做好与媒体打交道的准备工作。从罗斯福总统的"炉边谈话"到尼克松的"水门事件"，从电视总统肯尼迪到黑人总统奥巴马，美国从不缺少懂得媒体，善于运用新闻媒体的总统候选人，特朗普只是其中一个而已。

将历史的镜头拉近，2020年11月，这位深谙新媒体之道，受益于新媒体的推特总统没能重演4年前的辉煌。特朗普善于利用新闻，在任期间，他本人不断制造热点，常有惊人之语，他的言行本身就是最大的新闻。过去4

---

①祖晓雯. 全美主流媒体都在怼他但特朗普拿出了推特［EB/OL］.（2017-02-28）［2019-12-21］. 搜狐网.

年里，美国和世界的报纸、广播、电视和网络新媒体既记录下他"让美国再次伟大""美国优先""制造业回国""刺激经济""股票飙升"的施政努力，也真实记录下他在每天面对上万人感染新冠病毒，上千人被病毒夺去生命的灾难面前，不断"甩锅""退群"，消极防疫，置普通人生命健康于不顾，让民众"集体免疫"，甚至建议民众喝"消毒水"来防疫的荒唐言行。疯狂中，还真有民众和追随者尝试消毒水防疫，并为此付出生命代价；而特朗普及家人感染新冠病毒（是否真正感染，无人能知），急匆匆奔向医院，动用最顶尖的医疗团队，6天治愈出院。在与拜登竞选总统，并得知自己落选时，特朗普动用特权，诋毁选举造假，并继续利用网络为自己总统连任之路做垂死挣扎。当地时间2020年11月10日，特朗普发布预告推文"选票腐败将于今晚9时在福克斯的肖恩·汉尼提节目（@Sean Hannity）中被披露"。在11月10日，代言人白宫新闻秘书凯莉·麦克纳尼接受福克斯采访，列举有关"选举舞弊"的证据，表示有234页选民证词可以佐证这一"事实"，并称密歇根州的某县的一批选票中，有60%的人签名相同，还有重复计票和"死人票"，等等。美国大选公布结果受到冲击，但并没有发生如特朗普所期望的逆转。2020年11月14日，特朗普对福克斯新闻网发飙，发推特表达自己的不满，"他们忘了如何成功的，他们忘了'金鹅'"。

　　2021年1月8日，美国社交媒体平台推特声明称，考虑到"进一步煽动暴乱的风险"，已经永久关闭特朗普的个人推特账号。Facebook、YouTube也立即采取措施，纷纷停止和冻结特朗普的个人社交账号，苹果、谷歌、亚马逊等传媒巨头还移除了特朗普支持者常用的社交平台。这位拥有8870万粉丝的"网红总统"因网络社交媒体而起，又在网络社交媒体"集体"封杀中谢幕，但关于他被众议院弹劾、女儿伊万卡的负面新闻却继续通过他曾经喜爱的社交媒体被广泛传播着。2021年1月20日，卸任美国总统后，这位美国历史上曾经最有权势的人物与同一时代美国最富有的人物马斯克都似乎感到有权有钱不如拥有网络传播主导权，二人都表现出要建立自己的网络传播媒体的想法。而2021年1月28日前后的华尔街与散户大战，似乎又一次强化了他们的想法和判断，强大的网络话语权是保护政治权力和物质财富的有力武器。

第七章　我国广播电视全媒体法治建设理路

第一节　2014年——传统媒体集体的"深情"告别

　　2014年被称为"媒体融合元年"[①]，纸媒领域的反应比较典型，主要表现在三个方面：老牌知名报业集团分拆、老牌知名报纸停刊、老牌报业新闻工作者离职。2012年以来，继美国新闻集团、时代华纳集团、论坛集团、华盛顿邮报集团以及默多克新闻集团等世界影响巨大的传媒集团完成报业与影视娱乐业的分拆后，2015年6月29日，以《今日美国报》为旗舰的美国传媒业巨头甘耐特集团（Gannett Co）也一分为二，这是最后一个既有报业资产，又有电视资产的美国大型媒体集团的解体。"《今日美国报》主编说，该报将在五六年内停止出版印刷版"。[②]虽然分拆手段各异，但分拆转型对报业和报人而言都略显灰暗和残酷。杰罗姆说："这是目前仍然获利丰厚的美国媒体集团与广播影视部门对相对弱势的印刷媒体部门赤裸裸的集体遗弃。"[③]这一情况到了2015年上半年变得更加严重而不可逆转，并像瘟疫一样传递到世界各地。整个世界报业都经受着煎熬和洗礼，这份纸媒死亡"报告名单"一直传递到我们的身边，"2015年7月17日，老牌香港报纸《成报》停刊，《新报》2015年7月11日停刊"。[④]与此同时，报业

　　[①]陈力丹，熊壮.2014年中国新闻传播学研究的十个新鲜话题［J］.新华文摘，2015（9）：146.
　　[②]杰罗姆.报业终结，美国六大传媒巨头陆续分拆与解体［EB/OL］.（2015-06-28）［2019-12-31］.钛媒体.
　　[③]杰罗姆.报业终结，美国六大传媒巨头陆续分拆与解体［EB/OL］.（2015-06-28）［2019-12-31］.钛媒体.
　　[④]李启玮.香港纸媒的几种死法［EB/OL］.（2015-07-20）［2019-12-31］.界面.

中一些曾经最有情怀和坚定的知名报人，为了生存做出了不得已的离职选择。2015年普利策新闻奖本地报道奖得主——美国《和风日报》记者库兹尼亚（Kuznia）离开报业。我国国内也同样遭遇了纸媒坍塌、报人出走的风暴，一年前，宣称"纸媒没有困境"并赢得赞誉的《博客天下》《财经天下周刊》《人物》杂志出版人郭光东于2015年7月31日宣布挥别纸媒，和此前众多纸媒记者转型一样，选择了与投奔新媒体公关行业相类似的转型之路，加盟网上订餐平台"饿了么"，出任公关副总裁。截至2015年，国内报人出走的还有："《21世纪经济报道》的徐继业、朱平豆、许扬帆、顾建兵、颜乔、杨磊、朗朗、张映光、林晨、徐洁云等，《羊城晚报》的张军，《南方日报》的陈亮，《南方周末》的曹筠，《新京报》的杨继斌、黄玉浩，新华社的宁树勇、李国威……"2015年新闻界的最大新闻就是新闻界自身的转型。传媒内参主编温静黯然宣布——"'媒体'不是转型，是已经消亡"。①

与纸媒惨淡经营的处境相比，广播电视的困境也日趋显现。2014年，中国传媒产业总值11361.8亿元，首次超过万亿元大关，较上一年增长15.8%，超过全国GDP增长率的2倍。但传统广播电视占传媒产业比重下降，"2014年，网络广告首次超过电视广告，传统广播、电视在整个传媒产业构成中占比分别为1.5%和17.3%，两者合计远低于网络23.3%的比重"②。因此，2014年也成为国内传统媒体与网络媒体霸主地位转换的历史节点。

广播电视行业广告收益增幅收窄，"2014年全年电视广告收入1150亿元，比上一年增加31亿元，增幅2.77%，广播广告收入155亿元，比上一年增加15亿元，增幅10.71%"。③《2015年电视广告投放指南·趋势篇》的微信文章说明了省级地面、市级地面、卫星频道和央视频道2015年一季度广告权限同比下滑6个百分点，"央视一季度广告投放资源量同比跌幅

---

①温静．"媒体"不是转型，是已经消亡［EB/OL］．（2015-06-28）［2020-1-20］．传媒内参．

②崔保国．传媒蓝皮书：中国传媒产业发展报告（2015）［EB/OL］．传媒圈，2015-07-03.

③张君昌．中国广电产业走势及预测［EB/OL］．传媒圈，2015-05-10.

22.5%，电视投放总量首次下滑，整个电视行业从中央到地方、从卫视频道到地面频道广告投放全线飘绿"①；行业内两极分化更加严重，"马太效应"使电视江湖两极分化严重，"湖南卫视2015年广告收入锁定100亿元，还要打造5—6个营收过10亿元的现象级节目"。②湖南、江苏、浙江卫视继续稳居电视广告前三名，与其他卫视距离越拉越大。这些领头羊所信奉的以大投入、大制作、大产出为特点的"现象级"制作潮流已将中小电视台彻底排除在外，"小台大制作"成了绝大多数电视台"伤不起"的奢侈梦想。一些地市级广播电视台入不敷出，"2016年传统媒体的变化是深刻而不可逆的，一些广电媒体已经到了靠全额拨款才能维持的地步"。③在发达经济体内，传统媒体也正在经历"断崖式"下滑和网络视频的崛起，"美国NBC里约奥运会的收视率比4年前低了大约20%；美国民众为转向数字流媒体而'掐线'（cord-cutting，取消传统电视订阅）的进程已然加速，时代华纳5.83亿美元入股hulu，'让消费者随心所欲地在多个平台上访问高品质内容'"。④

2014年8月18日，国家深改组第四次会议通过的《关于推动传统媒体和新兴媒体融合发展的指导意见》指出，将发展新媒体，建成几家拥有强大实力和传播力、公信力、影响力的新兴媒体集团升格为国家战略高度。2020年6月30日，中央全面深化改革委员会第十四次会议审议通过的《关于加快推进媒体深度融合发展的指导意见》指出，"推动媒体融合向纵深发展，要深化体制机制改革，加大全媒体人才培养力度，打造一批具有强大影响力和竞争力的新兴主流媒体，加快构建网上网下一体、内宣外宣联动的主流舆论格局，建立以内容建设为根本、先进技术为支撑、创新管理为保障的全媒体传播体系，牢牢占据舆论引导、思想引领、文化传承、服务

---

①丁栋．2014中国传媒产业总值首超万亿：却和电视报纸关系不大［EB/OL］．传媒圈，2015-05-10．

②张君昌．中国广电产业走势及预测［EB/OL］．传媒圈，2015-05-10．

③叶实．中国传媒大学校长胡正荣在"全国大学生朗诵大会学术论坛上的发言——《京华时报》的今天，就是部分广电媒体的明天"［EB/OL］．有点内容儿，2016-11-17．

④叶实．中国传媒大学校长胡正荣在"全国大学生朗诵大会学术论坛上的发言——《京华时报》的今天，就是部分广电媒体的明天"［EB/OL］．有点内容儿，2016-11-17．

人民的传播制高点"。此前，习近平总书记曾在《加快推动媒体融合发展　构建全媒体传播格局》一文中提出，"新闻客户端和各类社交媒体成为很多干部群众特别是年轻人的第一信息源；从全球范围看，媒体智能化进入快速发展阶段；移动互联网已经成为信息传播主渠道"。

第二节　各界对广播电视全媒体
效率与公平的设想与努力

技术突破重塑了传统媒介传播格局。"三网融合""媒介融合""多媒体、新媒体、全媒体"等，这些都是数字技术、通信技术、网络技术、人工智能技术应用于传播市场后的新生词汇。目前，大家都在努力概括和思考这个媒介传播新时代，都在从各自立场研究并设计着媒介发展的未来。

一、管理层关于广播电视全媒体未来发展的总体设计与安排

自2014年起，媒介融合正式上升为国家战略，这一年也因此被称之为"媒介融合"元年。其标志性事件是2014年8月18日，中央全面深化改革领导小组第四次会议审议通过了《关于推动传统媒体和新兴媒体融合发展的指导意见》。人民日报为此还组织编写了《融合元年——中国媒体融合发展年度报告（2014）》（人民日报出版社，2015年5月出版）。国家推动媒介融合和广播电视全媒体的政策配套密集而强大，《国家信息化发展战略纲要》《互联网直播服务管理规定》《关于进一步加快广播电视媒体与新兴媒体融合发展的意见》《关于加强网络视听节目直播服务管理有关问题的通知》《文化传媒国资控股上市公司股权激励首家试点》都在2016年一年时间里集中出台。2016年11月21日，在北京"世界电视日"中国电视大会分论坛"中国电视媒体融合峰会"上，国家新闻出版广电总局发展研究中心副主任杨明品做了题为《媒体深度融合：政策创新与实践突破》的演讲，集中解读了在这一年时间里出台的关于广播电视与互联网融合发

展的政策设计，对广播电视媒介融合做出新的评估和思考，他认为，当下国内媒体融合存在的总体状况是："国家战略清晰、基层战略困惑、实体动力虚弱、政策协同不足、瓶颈突破艰难"；存在的突出问题是"三个瓶颈和一个盲点：人才严重匮乏、资金与投入严重匮乏、业务和商业模式严重滞后，以及用户思维和精准服务盲点"；给出的政策解决路径是"不能搞'一刀切'，而应基于不同类型广电媒体的自身属性，采取分类化、差异化解决的路径"。杨明品认为"广电媒体只有同信息化、数字化深度融合，才能成为国家文化和舆论安全的重镇，以及数字中国、数字经济的主角。以深度融合思维统领广播电视发展顶层设计和媒介资源配置"；要"推动广播电视节目向产品、观众听众向用户、分类传播向协同传播、传媒服务向现代传媒及综合信息服务四个转变"。建设6+2融合发展蓝图架构，即"面向多渠道、多终端的融合型节目体系；以制播云平台为核心的融合型节目制作与播控体系；泛在、互动、智能的节目传播覆盖体系；广播电视与政务、商务、教育、旅游、金融、农业等相关行业合作与融合的融合型服务体系；以云平台和大数据等先进技术为核心融合技术支持体系；各类经营性业务协同发展的融合型经营体系；以市场为资源配置重要方式的融合型运行机制；以激励为基础，兼具全媒型、融合型、专家型人才的融合人才建设机制"。研究推出"融合发展、内容净化等十大重点工程"。[1]总体反映出管理机构对国家政策的解读和业界对广播电视全媒体未来发展的总体设想及具体思考。

二、学术层关于广播电视全媒体未来发展的思考与设想

媒介融合的步伐在加快，向网络主阵地进军的号角已经吹响。在"互联网+"的热潮中，中国政治、经济、社会、文化加速了"+时代"的到来。继"互联网+"之后，"报纸+""广播电视+""新媒体+""出版

---

①叶实. 广电总局杨明品：媒体融合政策落实乏力，一个药方难奏效，还需突破三个瓶颈［EB/OL］. （2016-11-24）［2020-01-31］. 看电视.

+"，以至于"文化+""旅游+""教育+"等各种提法相继面世，但这种"+"的热闹背后，并没有催生出一种真正成功的媒介融合模式和样板，观望逡巡、新瓶旧酒、简单叠加，没有实现设计者规划中的从"相加"到"相融"的质变。理论界也在积极探索，努力思考和推演着媒介融合的结果———一个什么样的新媒体系统和生态系统的出现？

中国传媒大学的胡正荣教授提出了建设"全媒体系统"的设想，这是一个包含了全媒体思维、体制机制、业态、产品、用户、技术在内的闭环生态系统。胡正荣认为，全媒体思维由最初的互联网思维、发展中的移动互联网思维和最终的全媒体新思维三个层面构成。互联网思维时代的关键词是"开放、共享、用户、跨界"，操作手法是"抓取"，如从传统、现代、政府、机构、组织等信息源的抓取成就了《今日头条》、芒果TV；移动互联网思维关键词是"精准传播、粉丝经济、碎片化、年轻化、互动式、颠覆性、定制化、透明、大数据、免费和第三方、娱乐化"，操作手法是"推送"，代表性的是微信、微博、QQ等社交自媒体，其操作运行模式已形塑了传统网络媒体信息传播方式；全媒体的新思维，关键词是"用户中心，产品与服务导向，内容、渠道、平台、经营、管理一体化，移动、社交、视频，大数据与云计算，流程与机制"，未来媒体的发展方向是以用户数据为核心、多元产品为基础、多个终端为平台、深度服务为延伸，向共享化和智能化的转变。

在全媒体技术系统探究上，胡正荣将传统媒体与新兴媒体做了对比：在传输上，传统媒体主要是印刷、音视频传输、广播级，新兴媒体是IP技术、宽带、4G、5G；在数据上，传统媒体是小数据、抽样，新兴媒体是大数据、云计算、LBS；在终端上，传统媒体是单一、单向、固定，新兴媒体是多屏、移动、社交，并呈现出多屏化（视频化）、移动化（智能手机）、社交化（消费内容并生产内容，分享，自媒体正在形成强大的"阅读黏性"）、场景化（随时随地，实时+碎片）、智能化（个性化需求与多样化需求）的特点。

全媒体用户系统：是从受众—用户—生产消费者的转变。

全媒体产品形态：从业者要有产品思维，有团队意识，要实现向产品经理的转型。传统媒体产品：版面、节目、栏目。全媒体产品：一次创意、多种生产、多次传播做深、做专、做透；领域：大新闻+泛娱乐+泛影视+深服务+体育；生产方式：顶层统筹立项、同一研发制作、共享资源素材、同步发布上市、协同推广营销。创意资源知识产权（IP）化，全媒体产品化。

全媒体业态系统：目前互联网业态发展经历了三个阶段。Web1.0，门户流量时代：用户数、点击率、流量；Web2.0，社交数据时代：社交化、大数据、精准；Web3.0，智能场景时代：垂直、细分、场景、个性消费。第一阶段，内容媒体，内容集成；第二阶段，社交媒体，用户集聚；第三阶段，智能媒体阶段，价值智能匹配。业态创新带来传统媒体的全媒体商业模式：广告收入，传统广告+精准投放；版权产业链开发；社交粉丝社群产生的粉丝经济；依托广播电视节目风度的信息承载能力，开发从线上到线下的各类新兴业务，力争从信息服务、电子商务、实体经济等多个领域获取收益。

全媒体体制机制：真正的融媒体应该是信息共享、资源统筹、工作协调。

胡正荣还对全媒体运营机制搭建做了模板式的描述，融合媒体集团下设：

内容产品 1　内容产品 2　内容产品 3　内容产品 4

渠道传播平台（广播、电视、网络、移动）

整合营销中心（用户数据、市场）

技术中心（云平台、大数据、融合平台）

内部业务流程：生产（全媒体内容采集）——发布运营（多平台集成）——分发（多网络传输）——用户多终端。

全媒体融合的案例：英国的BBC。BBC提出One（一个品牌）、Ten（十个产品）、Four（四个终端）的新媒体战略口号，产品包括新闻、体育、天气、儿童节目、青少年节目、学习、网络电视播放器、线上数字广播、BBC首页、搜索；终端包括电脑、电视、平板电脑、智能手机。

在体制机制方面，BBC在融合中，取消了频道制，取而代之的是以内容和用户为导向的部门制。娱乐内容部：整合了广播2套、电视娱乐节目部门；信息内容部：整合了新闻部、广播电台，如"直播5套"等。

中国学者在媒介融合时代，逐渐追赶，立足本国实际，着眼全球最新最快，对广播电视全媒体未来生产、经营、管理以及整个行业发展做了学理分析和预测，并积极与政府和规制机构沟通，保持了学界与政府机构的互动，一些思想和设计已经被政府机构采纳，如全媒体和全媒体时代的概念认定，又如全媒体生产生态经营管理，等等。

三、产业层关于广播电视全媒体未来发展的摸索与实践

在管理层、学术层的积极推动下，市场层面的广播电视媒介融合也做出一定呼应，但总体上还比较谨慎，动作不大，影响不深。传统广播电视台均属于事业单位、企业化运作，虽有政策导向强制，但反应缓慢，未见成功模式，不肯轻易跟风，一遇有困难，习惯于倒在体制怀抱里的惯性思维，使得传统广播电视台"雷声大、雨点小"式地将固有网站冠以新媒体部，上传线下节目了事，并没有迈出融合发展的实质步伐。同时，在中央厨房技术改造完成后，新产品营销并未带来巨大成功和相应收益，让具体广播电视传输播出机构在5G、有线电视通信业务相互进入等大的技术革新、新业务拓展和体制机制改革方面变得十分谨慎。而民企和中小企业表现出一定的积极性，积极介入广播电视视音频制作业务（微电影制作、网络直播等等），在渠道和内容开发方面不断加大投入，并取得积极成效，一些网络新媒体企业已经走出国门，积极参与国际竞争，如被特朗普点名制裁的华为5G通信、北京字节跳动的抖音APP社交平台和腾讯的微信APP社交平台等。同样，国有新闻媒体也存在渠道短板，需借道网络商业平台传输信息，财力绵薄和"竖井式"管理使传统报纸广播电视媒体在网络新闻业务开展信息传输渠道方面，也不得不仰人鼻息。"三网融合""互相进入""公平竞争""打造网络传媒主力军"以及"主流媒体进军主阵地"等管理层设计和学术层美好愿望在贯彻实施的市场和企业那里总体上还只是摆在案头最上面的"精美文件"装帧，媒介融合的作用力量没有得到充分释放，传媒企业和网络企业仍然奔跑在全媒体改造革新的路上。

四、社会层对广播电视全媒体消费习惯的改变与媒介愿景

如上所述，网络信息传媒发展潜力无限，但问题不少，除政策壁垒和许可门槛过高以外，包括广播电视全媒体在内的世界网络传媒还共同面临着收益方式的困局。受众消费习惯也表现出对新媒体的不适。因为报纸广播电视等传统媒体一般采取价格低廉的年订阅、年收费的形式，以广告收益赢取投资回报。这让受众似乎感觉是免费获取报纸广播电视信息，并已养成了免费获取媒介信息的消费习惯（电影也是如此，近百元的门票让很多观众，特别是中老年观众不能接受，但在电视和网络上免费看则可接受）。在美国等一些西方国家，民营网络信息传播媒体没有新闻许可门槛限制，但人们习惯了免费获取信息，出现一收费，网民就流失，一免费，自我经营的传统广播电视媒体就赔钱的尴尬局面。"1997年，《华尔街日报》就已试水在线内容付费业务。此后20年间，全球几乎所有主流媒体都曾尝试过网络新闻付费模式"。[①]但"许多实施付费墙的媒体陷入了这样一种窘境：虽然数字业务营收持续增长，但总体收入却未见起色。一项研究显示，对所有在线内容收费的媒体会损失85%—95%的网络访问量，采用部分文章阅读付费的媒体则大约损失30%的访问量，而采用在一定期限对一定数量新闻实行免费的媒体，其损失基本介于5%和15%之间"。[②]

无论是官方公布的网络传播数据（截至2020年6月，中国网民数量9.04亿人，网络视音频用户8.88亿人），还是专家预测全媒体时代的媒介发展趋势，都反复印证一个事实：网络视听信息主宰了互联网信息传播，视音频信息成为网络信息主要形态。无论是顶层设计要推进广播电视等电子媒体与互联网融合，还是像湖南卫视、浙江卫视、安徽卫视、湖北卫视、央视、上海东方卫视等传统广播电视第一梯队积极参与开发VR视听新技术，主动融入网络视听传播市场，都说明媒介融合时代，网络传媒市场上出现以精准、智能、高清VR视频为代表的移动化、高清化和智能化信息传播技

---

① 卢泽华. 美国网媒试水付费新闻［N］. 人民日报（海外版），2017-07-28.
② 卢泽华. 美国网媒试水付费新闻［N］. 人民日报（海外版），2017-07-28.

术革新趋势必将催生本书所研究的内容——广播电视全媒体时代的到来，并将以此为重点，在管理层、学术层、企业层和社会层的共同推动下，在不远的未来，将人类送入跨越纸媒、电子媒介和网络传媒，连接虚拟和现实的全媒体传播时代。

第三节　我国广播电视全媒体法治建设理路

每一次信息技术革命都给人自身的解放和人类文明的进步带来巨大推动，而"以数字技术和通信技术及其结合为标志样态"的第五次信息技术革命（其他为：语言的产生、文字的产生、造纸和印刷术的发明以及电报、电话和广播的使用），①更是以物质生产领域的"融合"，精神领域的"回归"和未来发展领域的"共同面对"为特征逐步向人类呈现。麦克卢汉说，"媒介即人的延伸"。②"互联网使得信息传播与分享开始突破了既有国家体制的桎梏，形成一个全球范围的互联网信息社区，这种对国家治理体制的再建设、国家治理逻辑的重构，既是一个挑战，也是一个机遇"。③

当前，人类已经能够感受到以广播电视全媒体为引领的传播媒介融合日渐清晰，5G、大数据、VR、数据链、数字高清、量子通信、人工智能、物联网等数字智能技术走入生活，人类被集合在以智能视听信息为主要内容的网络空间里，共同审视和思考着自己的命运和未来。这不单是一次简单的信息技术迭代革命，这只是一个开始；不只是简单的互联网革掉了传统信息传媒的命，接下来还要革掉一切传统信息传播习惯和认知，包括传统互联网，直到从肉体到灵魂，从生产到生活，从物质到精神都完成转换。这是一次所有人对所有人的革命，也是所有人可以猜到开头，却难以猜到结尾的技术和文化革命。我们现在能做到的是制定好这场革命的规

①肖峰. 现代科技与社会［M］. 北京：经济管理出版社，2003：201.

②马歇尔·麦克卢汉. 理解媒介：论人的延伸［M］. 河道宽，译. 南京：译林出版社，2011：7.

③白锐. 略论互联网与国家治理逻辑的在建构［J］. 社会科学战线，2016（9）：183.

则，这一规则一定是面向科学、面向世界、面向人类、面向未来的规制体系，核心是媒介传播法律的出台。这个规制体系既要凸显技术革命对国家和民族的整体利益保障，也应关心规制对个人、对私权利的保护；既要持续刺激企业对新媒体、新领域利润的追逐热情，也要立足打赢互联网国际竞争的最后胜利；既要思考个体内心的平和幸福，也要规划好人类命运的美好未来。总之，世界范围内的广播电视全媒体竞争和发展，归根结底就是一场广播电视全媒体法治管理的竞赛。

一、广播电视全媒体法治建设基础要素理路

法是上层建筑的典型呈现。法治文明是政治文明、经济文明、社会文明和外部（国际）影响共同作用的结果。因此，思考一国广播电视全媒体法治建设路径，就要从影响其建构的政治体制、产业技术、文化传统、社会组织和外部（国际）环境等基础要素理路来思考和建构。

（一）政治体制基础要素建构

法治是市场经济发展的必然产物。随着我国社会主义市场经济的不断深入，实现"依法治国"和推进"国家治理体系和治理能力现代化"的需求和目标就提到建设中国特色社会主义法治国家的政治日程。

在我国，"依法治国"从共识到全面推进经历了三个重大节点：一是1997年9月召开的党的十五大提出"依法治国是党领导人民治理国家的基本方略"的总体认识；二是1999年"中华人民共和国实行依法治国，建设社会主义法治国家"被写入《宪法》（五条一款）；三是2014年10月中国共产党第十八届中央委员会第四次全体会议通过《中共中央关于全面推进依法治国若干重大问题的决定》。依法治国从理论层面到实践层面全面铺开。2019年11月，党的十九届四中全会审议通过了《中共中央关于坚持和完善中国特色社会主义制度、推进国家治理体系和治理能力现代化若干重大问题的决定》，将完善和发展国家制度体系建设提升到一个新的高度。2020年5月28日，十三届全国人大三次会议表决通过了《中华人民共和国民法典》，并从2021年1月1日起实施。我国法治建设和依法治国工作在宏大

的政治目标和顶层高位统筹下，以更具长远性、体系性和组织性为特点向前推进。

与其他行业法、部门法比较，新闻法和媒介管理法的法治建设远远落后，在已经归集整理和部分完善法律典籍的新历史阶段，新闻法和媒介管理法还处在要不要立法的讨论阶段，这与党提出的加快媒介融合，主流媒体进军主阵地，推进全媒体建设的整体设计不相适应。在该不该媒介立法和新闻传播内容管理要不要走上法治轨道方面，2019年1月25日，习近平总书记在中共中央政治局第十二次集体学习时指出，"无论什么形式的媒体，无论网上还是网下，无论大屏还是小屏，都没有法外之地、舆论飞地。主管部门要履行好监管责任，依法加强新兴媒体管理，使我们的网络空间更加清朗"①"要使全媒体传播在法治轨道上运行，对传统媒体和新兴媒体实行一个标准、一体管理"。②"各级领导干部要增强同媒体打交道的能力，不断提高治国理政能力和水平。"③

建设中国特色社会主义广播电视全媒体法治管理体系，提升广播电视全媒体治理能力是"依法治国"的应有之义，是建设法治国家的组成部分。我国广播电视全媒体法治建设的总开关在于国家对媒体地位和新闻传播作用的正确认识和科学判断上。在操作层面，要摆正坚持党管媒体、意识形态安全与有中国特色的新闻法治建设三者关系，并将三者进行统筹考虑。要把党章中关于党的活动要在宪法、法律框架内开展的要求，在媒介传播经营和新闻报道活动中落到实处。不搞全盘西化，但也无须对西方发达国家的新闻传播研究成果嗤之以鼻或噤若寒蝉。要科学吸纳和扬弃人类法治建设和新闻管理的一切智慧结晶和成果，不要让意识形态安全成为部分别有用心的干部懒政怠政，甚至是追求个人私利的借口和打击改革者、推进新闻立法者手中的棍子。要大胆鼓励与网络传播和全媒体建设实际相适应的立法研究工作。要首先在理论研究层面解决新闻法、媒介管理法中，媒体与政府，与企业，与行业组织，与公民，与社会的关系以及相互的权利和义务。要研究并明确新闻

①习近平. 加快推动媒体融合发展　构建全媒体传播格局［J］. 求是，2019（6）：7.
②习近平. 加快推动媒体融合发展　构建全媒体传播格局［J］. 求是，2019（6）：8.
③习近平. 加快推动媒体融合发展　构建全媒体传播格局［J］. 求是，2019（6）：8.

法和媒介管理法规制的目标,明确规范的对象、范围、主体、方式和具体行为。要在理论学术研究层面广泛讨论,达成一致,接近真理,要与当前广播电视和新闻出版媒介管理大部制改革结合起来,"规制机构不仅应当是融合的,还应当是相对独立的。既要独立于事业机构与企业单位,又要独立于有关的政府部门,成为一种特设机构,使规制权力相对集中"。[①]要破解"管得紧与管得松、没人管的现象同时并存,内部有限竞争与外部的恶性竞争、搞行政壁垒与地区壁垒同时并存,基本公共服务的短缺与有偿的个性化服务短缺同时并存,市场不振与市场秩序混乱同时并存"[②]的管理僵局和乱象。

　　人类的历史某种程度上就是人类的传播史,而人类的新闻传播史则是一部争取和捍卫新闻自由的历史。言论出版自由神圣不可侵犯,但这一自由需要限制和约束,以确保其他人的自由和整个国家的安全。19世纪末期,在美国资本主义商业报纸《纽约世界报》《纽约新闻报》恶性竞争的"黄色新闻"时代,无限制的新闻自由直接"导演"了一场战争,并导致时任美国总统麦金利遭到暗杀。事件大致过程是:1898年2月,美国在哈瓦那护卫侨民的"缅因号"战舰离奇爆炸。《世界报》《新闻报》在情况不明的前提下,就纷纷捏造西班牙的嫌疑和其迫害美国侨民的消息,并大肆渲染,在"缅因号"爆炸原因尚无定论,美西战争毫无征兆的时刻,《新闻报》已派记者驻哈瓦那准备报道战争,一个月后,其派驻记者发回电报:"这里一切平静,没有战争。"《新闻报》大佬赫斯特回复"你提供照片,我提供战争"。这一事件将毫无限制的新闻自由和媒体间不光彩的恶性竞争推向了极致。让人们更清楚地看到,资本主义政党报纸和商业报纸以新闻自由为幌子,歪曲新闻事实,为各自利益发表倾向性报道或不实报道,左右视听,实现政党利益和商业利益的本来面目。这种行为需要能够超越私利、保护公众和公共利益的政府来规诫,因此,新闻自由的普世价值和现代传播对个人传播自由的保护,需要社会各个阶层来共同参与,由国家规制来书写和表达,并通过法律的形式予以确认和捍卫。在意识形

---

①李向阳. 创新规制:发展广播电视先进文化的制度保障 [J]. 现代传播,2008(1):10.
②李向阳. 创新规制:发展广播电视先进文化的制度保障 [J]. 现代传播,2008(1):9.

态领域的斗争中，西方国家一直批评中国缺少新闻自由的问题，但反观西方新闻自由的过往和今天仍然存在的针对发展中国家歪曲丑化以及大量失实偏颇报道，也使我们更加直观地感觉到西方民主自由的本质和虚伪。

当前，政治体制对我国广播电视全媒体法治建设的破题和支持的主要任务有两个：一是出台新闻法；二是提高广播电视全媒体规制管理的层级。新闻法有别于其他法律，它涉及基本权利和民主政治的国际认同，是国家政治改革的重要内容，必须由政治顶层直接破题和操作。

马克思主义认为，新闻自由拥有整体性、辩证性、历史性和平等性的特征。具体的新闻自由的权利包括采访权、报道权、批评建议权、创办报刊权。只有这些权利通过法律来确认和捍卫，才能实现马克思主义所讲的新闻自由，使人们真正享有平等的自由表达权，并使人民精神和国家精神得到更好的滋养和协调一致、健康发展。在这方面，社会主义国家有深刻教训。十月革命胜利后，苏维埃政权封闭了除《真理报》以外的所有报纸，同时发布了由列宁签署的出版法令，该法律许诺："一旦新制度确立起来，对报刊的各种行政干预就必须停止。而将依照最开明与最进步的法律，并在对法庭负责的范围内对出版实行充分的自由。"而事实上苏联在列宁生前和逝世以后，都没有兑现承诺。到苏联解体前夜，新闻管理又陡然走向另一极端，政府对新闻媒体管制突然放开，各种负面新闻信息扑面而来，在受众面前形成巨大反差，成为葬送苏联的巨大诱因。因此，新闻法对于广播电视全媒体法治管理来讲，是理顺政治体制与媒体关系，具有方向性和奠基意义的大事，它既是国家政治体制改革的决心体现，也是对广播电视全媒体法治体系建设的最大路径支持。我国新闻法立法努力已经持续了30多年，经过20世纪90年代的停滞，21世纪第一个十年，新闻立法又重新被提上日程。新闻法出台将是政治体制在广播电视法治管理方面取得突破的标志性进展，必将打破整个行业法治建设困局的大门，进而，为全面提高广播电视全媒体规制层级提供法律依托，为出台出版法、广播电视法、电影法（2017年出台的《电影产业促进法》不属于电影行业综合法）、网络传播法等系列传媒法律提供样板，为以法律为基础、部门规章为补充的，有中国特色的广播电视全媒体法治管理体系打下坚实的政治体制基础。

（二）产业技术基础要素建构

"科学技术是第一生产力"。每一次盘点信息传播革命和迭代，都让人不禁感叹造纸术、印刷技术、电子技术、数字技术、通信技术、人工智能技术等信息传播技术的威力巨大。信息是一种特殊的状态。在这多维空间和混沌世界里，它既不是简单的存在，也不是简单的意识，它是介于存在和意识之间的一种"状态"，既描述着存在，也展露着意识，既连接着人们生产生活实践，也重塑着人们的思想认识和精神世界，将世界从"存在+意识"的二维世界拉伸为"存在+信息技术+意识"的三维世界。因此，信息技术也是一种特殊的科学技术。它具有一般科学技术所具有的普遍性，代表着人类实现了从类似曲辕犁、耧车，到蒸汽机、发电机、计算机的又一次重大科学技术创新突破，并意味着人们生产生活方式和习惯的改变。它也有着自身的特殊性，特别是大数据、数据链、物联网、人工智能、虚拟现实和身网等，超出了其以往技术本身所具有的中立性，融入了"人"的精神存在。也因此，信息技术需要不同以往的规制引导和规范，才能够更好造福人类。

信息技术塑造过四个传播时代，语言产生后的口口相传时代；文字和造纸术产生后的纸媒传播时代；现代通信和电子技术产生后的广播电视大众传播时代；计算机和互联网产生后的网络传播时代。这是一个人类传播技术螺旋上升，并在场景再现的"虚拟现实"里，貌似回到面对面口口相传的原点，却已从根本上完全超越的信息传播技术革命周期。未来学家和传播学家尼葛洛庞帝20多年前在《数字化生存》一书中所描述的身联网、物联网、虚拟头盔、数字化生产生活交流在今天一一得到验证，人们最终会戴着简便眼镜抑或是植入体内的微型接收器，连接着我们和外部的一切，不只是阅读、娱乐、学习、工作、交友、家庭，还有思想和内心。而现阶段，这种貌似回到原点，螺旋上升的未来产业技术革命决定了视听信息的"虚拟"和"复原"是最重要的部分，因为，视觉、听觉决定了动物获取外部信息的90%以上，我们要寻找的就是让眼睛看得更远、更完整，让耳朵听得更清、更有现场感的视听技术秘密，这就是在一段时间里，广播电视全媒体成为线下线上信息传播"主角"的重要原因。

　　信息时代的到来，倒推现代法治思想和观念的转变。北川认为，"近代法和现代法在民事责任问题上只考虑了有体物产品，几乎没有涉及过信息。然而，在当今社会，有体物的产品也与信息密不可分，因此，有体物的产品责任离开了信息也就无从谈起，更不用说信息的产品责任本身了。信息的产品责任比有体物的产品责任要复杂得多，包括信息产品本身的缺陷、包含信息产品的有体物的缺陷、信息产品零部件部分的缺陷以及提供信息的缺陷等多重关系……无论是有体物产品还是信息产品，今后的发展趋势都要求构筑一个将有体物产品责任与信息产品责任综合在一起的法律模型"。①

　　以广播电视全媒体为代表的数字、高清、智能化视音频信息是当下网络世界里最主要的信息传播形式，它既是"点对点、点对多、多对点"的现代信息传播技术的最高集合展现，也是使用最多、最具世界性的"人类共同信息传播界面"。但这个让每个参与者自由飞翔的界面"容易使个人自由的体验脱离现实社会制度的束缚，人们在现实社会望而不得的'话语权'得以满足，有时往往会夸大种种负面情绪活动，并有可能通过一定的传导机制对现实社会的公共秩序造成冲突"。②同时，也因为这种变化，使得传统广播电视信息传播参与主体变得更加复杂，广播电视全媒体时代，个案的广播电视信息传播参与者可简单地划分为：政府（管理者）、广播电视全媒体企业（传播者）、信息关联人（信息内容攸关方）和网民（接收者）四个部分，并在一个双向互为影响的闭环关系模型中活动。而"网络社会的身份主体的活动往往呈现出传统社会的在场空间、网络社会的在场空间、网络社会的缺场空间三种形态。网络社会的缺场空间与吉登斯'脱域空间'相当。网络社会是现实社会关系在网络的重构"。③"社会公

　　①北川尚太郎. 关于最近之未来的法律模型［M］. 李薇，译. 北京：法律出版社，1997（4）：283—312.

　　②汪桥红. 网络社会的规训：寻求公共秩序与个性体验的平衡［J］. 理论学刊，2015（10）：69.

　　③刘少杰. 网络化时代社会认同的深刻变迁［J］. 中国人民大学学报，2014（5）：65.

众可以自主进入网络，在自己选择的时间和地点可独立接触网络传输中的作品，而作者能否最终控制作品在网络中的传输，就成为一个不能轻易解决的问题，网络传输中由于中间服务商、技术措施的介入使得问题更加复杂。这样，第五次信息技术革命推动了著作权制度从'电子版权'到'网络版权'的转变"。①因此，作为规制制定者的政府要以网络思维来重新规制好政府与个人、企业、社会组织和市场之间的关系，在确保公共利益的基础上，兼顾好个人和企业利益，"寻求公共秩序与个性体验的平衡"。②

事实也确实如此，在我国，网络视音频信息已占据网络信息和用户流量消费的绝大部分（2020年，中国网络视音频信息用户已达8.88亿人），报纸、杂志、书籍等纸媒都在由单一的文字信息服务向网络图片信息、动漫信息、可视可听可读的智能信息服务转变。视听信息将主宰线上、线下信息传播的主要市场，纸媒时代需要花费大量时间学习和训练获得文字识读能力（传统所谓读书人）资格后，才能参与文字信息传播活动的限制在一定程度上被完全打破。人们可以点对点、面对面，何必还要借助文字这个"劳什子"的物件遮挡呢。信息技术是这个时代整个产业技术的亮点，视音频数字智能技术是其代表，并将在整个经济发展转型升级中占有举足轻重的地位。"经济基础决定上层建筑"，在经济基础已经发生重大变化的数字经济时代，作为上层建筑的国家法律应该做出相应的调整，并给予及时准确呼应。

因此，从经济和产业技术基础要素角度思考广播电视全媒体法治建设路径，其需要突破和解决的重点任务就是要足够认识到信息传播技术是可以链接、串联和整合其他生产技术的特殊性技术，信息产业对做好我国经济体制改革和供给侧改革，实现经济转型升级有着至关重要的作用。其渗透性、穿透性和扩散性足以引领、带动和决定其他相邻产业的发展。如与信息技术密切相关的大数据、物联网、移动通信、人工智能、VR技术已经贯穿了实体经济中的产品生产、消费、售后各个环节，并以"互联网+"

---

①吴汉东. 信息技术革命与信息网络传播权立法［J］. 中国版权，2005（2）：17.
②汪桥红. 网络社会的规训：寻求公共秩序与个性体验的平衡［J］. 理论学刊，2015（10）：69.

的形式，覆盖了工业、农业、商业、军事、教育、医疗、交通、文化、旅游、体育、娱乐、宣传等各个领域，更便捷、更智能、更强大、更人性化的技术革新将彻底颠覆人类的生产生活方式。今天，我们已经可以清晰地看到信息传播领域，直接的信息服务已经在国民生产总值中占据一定比例，线上广播电视全媒体广告收入已经超过传统广播电视媒体广告收入，线上单片点击过百亿、单片收入过亿元的视音频节目不断呈现，VR虚拟现实和动漫技术将传统广播电视与现实旅游、游戏体验进行复制，改变和形塑着未来广播电视传播形式。因此，产业技术反馈给广播电视全媒体法治管理和法律制定的启示，就是要认识到视音频信息是代表信息技术的集大成者，对它的规制的重要性不可替代，必须放置于规制的更高层级——法律的框架内。

（三）文化传统基础要素建构

中华文化源远流长，在世界民族文化之林中独树一帜。但展开世界历史画卷，会发现中国走过了太过漫长的封建社会时代，在民族的文化血脉中，继承和延续了太多的封建时代文化传统。在网络化、全球化、一体化的当今世界，与我们共处同一世界开放市场的西方发达经济体却经历了完整的市场经济发展阶段。其国内资本主义萌芽、壮大和成熟发展的脉络清晰，走过了资产阶级启蒙思想、大革命的洗礼和现代民主法治改造，接续了西方传统的宗教信仰、契约精神和冒险创新精神的传承；而中国的封建社会却一直延续到20世纪初，近代中国是被西方列强打开国门，被动融入世界市场，在思想文化领域，经历了变法维新、洋务运动、辛亥革命、新文化运动、社会主义改造、"文化大革命"、改革开放和中国特色社会主义思想体系等重大思想文化洗礼，传统封建儒家思想最终崩溃，家族宗法走向分裂破碎，但天人合一、礼法、仁孝思想以及守旧、封闭、血亲、家天下的思维习惯却在一些层面、一些领域和一定程度上得到延续。这与现代市场经济的契约精神、进取精神和创新精神不相适应。

人类社会正处于资本主义市场经济的末期，一个全新的数字智能网联时代已经到来，未来生产生活的方式还在动荡中汇聚裂变，并没有十分清晰，但已经不同于传统资本主义机器大生产的工业文明时代，这个时代的市场经济也已不是工业时代的市场经济了。工业文明时代的企业追求的是效率、规模、低成本、超额利润和统一开放的全球市场，智能网联时代的企业寻求的是精准、黏性、重复、忠诚、持久和锁定高端消费群。在文化那里，前者借助大众传媒的信息轰炸，舆论领袖的意见引导，渲染个人主义对集体的决定作用，鼓励发明创造，注意保护个人利益和私权利；后者的网络地球村和信息平台足够大，大到可以虚拟和容纳下整个世界，新闻传媒不得不脱下高贵的晚礼服，换上便装，与商业网站、社交媒体、个人媒体平等对话，但社会认同分化严重，族群撕裂、信仰撕裂、宗教撕裂、国家撕裂。资本、资源掌控者在"造神"，人工智能、无人驾驶、登月球、探火星，无所不能；普通人在"返祖"，偏听偏信、逃避现实，认识问题由从原来的多个选项变得越来越趋同的二选一，要么激情点赞，要么简单爆粗。

网络时代的技术基础是数字化，生活中的一切都可以被数字化复制，并依靠人工智能技术、基因技术得到生物链接，借助互联网、高清通信技术，将人类推进到一个半人、半机器，在规制网格里生活的数字化时代。在这个时代到来之前，人类首先完成将现实生活中的一切进行数字模拟的任务，然后再通过虚拟现实和虚拟再现打造出一个全新的"荒原世界"，各个国家、各个民族、各种利益集团都将主动或被动参与这场"荒原列国霸主"的技术竞赛。在网络时代的四野八荒中，最终得胜者不是先进技术持有者，而是网络文化先知和网络文化塑造集大成者。而这个"人类命运共同体"绝不会让世界各族人民手拉手、肩并肩、欢声笑语地进入，更有可能的进入方式是重现原始的"野蛮"和"狂野"。这个"荒原世界"的思想文化重建也许会先暴露人类最初的恶，最原始的需求，最粗野的攫取和制度任性最后的贪婪丑恶，之后，逐渐走向新的文明。人类在未来二十几年或稍长一点的时间里，将仿佛一下子再经历一次类似于过去数百万年间走过的全部历史，重新体验原始社会、奴隶社会、封建社会、资本主义社会和社会主义社会的更替。这是一次人类的集体反思，回到起点，因为大家都是"荒原世界"的幼儿，无知、充满好奇，却又精力旺盛和充沛，学习能力和模仿能力超强，但内心所信仰的精神家园贫瘠，使人类对未来流露出更多的恐惧、躁动和不安。所以，广播电视全媒体时代，将各个国家、各个民族、各个利益团体、每个人都拉回到同一起跑线，以技术和思想为标尺，重新排列层级和地位，这个迭代的时代也为个体和组织迭代进入新时代提供了公平和机遇。"互联网社会结构呈'液态'化发展，人与人的联系，更多不是依赖于以前体制，而是受制于市场力量与文化力量，甚至是偶发的社会聚合。这样的前提下的权威——权力关系，具备更多的不确定性。"[1]

因此，广播电视全媒体法治建设文化传统基础要素理路构建就是要做到对国家、民族和个体等主体认知的重新寻找和塑造，找回人类共同的文化自信、道路自信、理论自信、制度自信，以人类终极关怀的情怀去设计和组织广播电视全媒体法治的实施；摒弃封建时代的小国寡民、小富即安、闭关锁国、故步自封的民族文化劣根，重塑善于团结、合作、创新、进取的国家、民族和团队意识；给国民、企业在网络荒原奔跑创造足够空间和支持，激发全民族创新、自强、担当的意识与引领和塑造网络荒原格局的热情，也要约束国民和企业只顾眼前利益，从事有害于国家、民族和公共利益的短视行为，在重塑社会主义核心价值观的过程中，传承和弘扬中华民族优秀传统文化精髓，寻找人类在网络荒原上的文化认同。

（四）社会组织基础要素建构

"在这个知识时代，没有人能够拥有全面认识社会、全面规划社会的能力。国家治理不是国家统治，而是社会治理"。[2]在现代市场经济中，个人、企业和政府是最基本的社会活动主体。但在我国，一个本应更加活跃的市场参与主体——行业协会，却显得不那么活跃。在现代社会里，这个自发并自维的社会组织本应在政府、企业和个人关系调整中发挥更加重要的作用。我国当前也存在着众多协会组织和社会团体，但其运行和核心业务把控在相关政府机构手中，从协会组织构建、协会领导组成、协会章程、协会资金、活动开展都带有太多的政府指派色彩，没有发挥出与政

---

①白锐．略论互联网与国家治理逻辑的在建构［J］．社会科学战线，2016（9）：182.
②白锐．略论互联网与国家治理逻辑的在建构［J］．社会科学战线，2016（9）：183.

府、企业和大众之间的有效沟通，代表企业和民众发声，合理表达诉求，架起政府与企业和民众联系的桥梁作用。2016年以来，国家正在清理和整治各种社会组织，其中，最有价值的举措是推进政府机关与社会组织"脱钩"，清理"僵尸"组织，政府官员退出并不再担任各级协会和社会团体领导，不得摊派会费、组织无意义的评奖、随意发行内部刊物，真正将社会组织交给社会自治、自维。同时，国家也在社会组织建设方面，强化了党组织建设的重要性，要求有3名以上（含3名）党员的社会组织必须成立党小组。

宣传思想文化阵线上的社会组织也很多，如各级新闻工作者协会、各级广播电视学会、出版协会、自媒体协会、电影放映协会、文化产业联合会等等。但这些社会组织都把持在各级宣传、广播影视和新闻出版党委政府机构手中，是党委政府部门工作的补充。要切实发挥它们的作用和优势，必须彻底完成与政府"脱钩"的工作。当前，广播电视规制主要由法律、部门法规、部门规章、规范性文件构成，很多管理职能都可以交付给行业协会和社会组织，与政府彻底"脱钩"，真正实现由自发、自治、自维的行业协会和社会组织来行使。因此，广播电视全媒体社会组织基础要素建设理路就是要在完成系统行业协会脱钩工作的基础上，做好系统内的行业组织自治自维改革，真正将政府部门手中一些本应由行业组织行使的管理职能和权限交给社会组织自己，让这些社会组织发挥应有的作用。同时，把政府解放出来的精力和力量集中在广播电视全媒体法律制定和司法管理上，在大社会、小政府的改革中，发挥政府在媒介管理中应有的作用。从目前看来，行业组织脱钩工作开展4年多来，一些广播电视领域内的行业组织在规定时限内完成了与政府机构的脱钩，但也存在一些地区广播电视机构因没有兴趣接替原来协会的工作，使一些地区广播电视协会（学会）和行业组织实际上处于停摆的状态。

（五）外部（国际）影响基础要素建构

资本开拓国际市场取得超额利润的冲动，电子时代交通、通信技术发达提供的便利，使各个国家、各个民族和每个人都感受到生活在"同一个地球，同一个世界"的便利。联合国、世界银行、国际货币基金组织、世界卫生组织、国际奥委会、海牙国际法庭、国际刑警组织、世界贸易组织、国际电信联盟……这些由各国共同发起和组建的国际组织，以共同遵守国际公约的形式，来调整与平衡国与国之间的利益，成为在全球化和市场经济时代，国与国之间展开友好交流合作的基础。互联网在此基础上，将"地球村"连接得更加紧密，这种连接无论是广度还是深度，都达到人类历史上前所未有的程度。互联网营造的世界是真正的地球村，人们借助互联网，不仅可以更加便捷地完成以前的生意，还真正为人与人之间文化、旅游、游戏、休闲、学习、娱乐、交友等一切活动提供便利。任何国家自接入国际互联网时起，互联网国际公约就成为国与国合作交流的重要国际准则。

当今时代，国际形势正发生着重大变革。始于2008年并持续12年的世界经济危机的阴霾尚无完全散去的迹象，这表明靠传统资本主义内部自我修复走出危机的能力越来越弱，新兴经济体与发达经济体力量对比出现较大变化，旧有的世界政治经济秩序正在经受考验。传统国际协调机制对抗危机的能力越来越弱，传统机器大工业时代盲目扩张生产，继而借助船坚炮利野蛮开拓国际消费市场的套路将走到尽头。特别是2020年新冠肺炎疫情横扫全球，世界各国政治体制、经济秩序、医疗福利保障经受重大考验，美国新冠疫情发展如脱缰野马，民众为生命健康付出重大代价，但特朗普执政当局仍坚决坚持金融（保股市）优先、经济优先（复产复工）、军事优先（美伊对抗、中美对抗）、意识形态优先（打压华为、制造孟晚舟案），乃至要求整个美国优先。以美国、英国为首的西方发达资本主义国家在困难面前无计可施，于是重回保守主义老路，在人人自危、自扫门前雪的自保路上，即便是资本主义阵营内部，也矛盾不断。但发达经济体在与政治、经济、文化、信仰不同的发展中国家开展的经贸往来中，表现却出奇一致。中美对抗的趋势在特朗普政府的无限刺激下，越发明显，"五眼联盟"协调一致、中印边境危机、南海危机、台海危机、香港占中事件等等，处处都有美国的影子，处处都能看到"双标"，处处都能看出西方国家有多不愿意看到一个强大中国的出现。对抗多于合作、保守胜过开放、自利多于奉献，我国发展的世界环境和外部环境已经发生重大改变。

在困难和危机面前，中国保持了战略自信和稳定。我国的国际战略日渐清晰，国际互联网大会永久举办地落户在义乌，中国在国际网络安全发展大会上连续发声，建设人类"网络命运共同体"被更多国家认可。中国执行更加积极的国际化经济发展战略，"一带一路"倡议、"亚投行"、RCEP协议签署（2020年11月），处处体现大国担当并不断提出积极阳光的发展主张。这是大国复兴的起点，虽不同于千年前古丝绸之路上的驼队，却保留了沙漠里驼铃声声的坚韧和丝路人追求幸福美好的精神；不同于资本主义的枪炮、核讹诈、坦克碾压的野蛮和"羊吃人""血泪工厂"的嗜血，是借助高铁的延伸、北斗的连接、10万亿次/秒运算大数据的智能、供给侧随心所欲的供给和龙门吊、大飞机、探月、中国芯（手机芯片、飞机发动机）的自信；不是在旧有生产模式困难面前的退缩和自保，而是要顺应全新生产模式，向千年文明古国一直坚守着的天人合一、和谐相处、共融共生路上的回归。因此，在复兴的路上，国家在进行本国互联网改造和互联网规制制定的过程中，必须在路径上做好两方面准备：一是做好遵守网络国际公约的约束准备；二是做好主动参与网络国际公约制定和提升网络国际公约话语权的准备。

产业界对外部竞争所面对的政策环境感触最深。2020年，华为、抖音、微信、中芯国际等中国数字传媒企业已经在国际竞争中遭逢不公正待遇。对优秀中国数字传媒企业参与国际竞争的保护呼声越来越高。"数字内容产业面临国内监管和国外政策门槛的双重压力。随着我国数字内容产品海外渗透的提高，部分国家或地区开始采取市场保护措施，通过出台或保留部分限制性政策法规、征收高额税费等形式，降低中国游戏企业在其市场上的影响力和份额"。[1]海外市场培育与维权也任重道远，"海外盗版侵权问题愈加突出，希望国家从政策、立法、外交等多方面给予支持和鼓励，如组织海外维权方面的研讨会、搭建海外维权服务平台、建立专项维

---

[1]马化腾. 关于充分发挥数字内容产业竞争力，掌握全球文化产业主导权的建议［EB/OL］.（2017-03-04）［2021-01-15］. 搜狐网.

权补贴制度、通过国际交流与合作扩大企业海外维权渠道，以帮助和指导国内企业有效应对海外盗版问题。"[①]

二、广播电视全媒体法治建设"本体"建构理路

马克思主义哲学的矛盾论认为，人类处在各种矛盾之中，矛盾攸关方都从自己利益出发，声索自我利益主张，事物因此陷入更加矛盾之中，这些矛盾可分为主要矛盾和次要矛盾，解决这些矛盾的关键是首先解决主要矛盾。当前，在各种利益纠缠下的广播电视全媒体法治建设中，我国广播电视全媒体法治"本体"建设路径的主要任务和方向就是要建设中国特色社会主义广播电视全媒体法治管理体系。

（一）广播电视全媒体领域的科学立法

我国广播电视全媒体法治建设科学立法需要兼顾三个方面：

第一，树立法的精神。法学研究者在研究中国法制历史时，会自然而然地追溯到夏商，经过管仲、李悝、商鞅、乐毅等人推广发展，到诸子百家时期，形成以集大成者——韩非为代表的成熟的法家思想，并在秦汉时期得到实施验证。虽然在中国法的历史研究中，足可以让后人感知到其悠久的历史，但循此踪迹接续研究，会发现中国法的思想和精神却没有随着生产力的发展和生产关系的变化而得到相应的发展和完善。进入工业文明时代，现代法治"人人平等，共同遵守"的公民意识和契约精神在中国大地逐渐生根开花。改革开放以前，现代西方法的精神没有得到很好地吸纳和扬弃，改革开放以后，"以经济建设为中心"，与资本主义发达经济体开展经贸合作，人们头脑中浓浓的依靠个人或少数人的道德水准，依靠家长或家族式的精英治国的思想为"依法治国"的理念所代替。"依法治国"取得共识。这对国家法的精神确立和弘扬至关重要，也决定了广播电视全媒体未来规制是继续以行政干预手段为主还是以现代法治管理为主的

[①]马化腾. 关于充分发挥数字内容产业竞争力，掌握全球文化产业主导权的建议［EB/OL］.（2017-03-04）［2021-01-11］. 搜狐网.

道路选择。

第二，践行法的思想。践行法的思想关键在于政府。因为依法行政、依法治国实质上是政府改革的延续。只有政府下定决心，用法的思维管理和经营广播电视全媒体，组织并主动让渡手中的权力，一部分交还给社会和民众自治，一部分上升为国家法律，接受广大人民群众的监督，新闻传播领域的依法治国才能迈出真正步伐。与法治思想和法治思维对立的就是人治思想和人治思维。党的十八大以来，政府持续推进简政放权，加强立法，与行业组织"脱钩"，这些都是法的思想在政府改革中的体现，都是在为依法治国，建设法治国家做好必要的法的思想准备。广播电视全媒体具有宣传属性和意识形态属性，国家利益和政党意志往往会超越法律，因此，广播电视全媒体领域更需要法的思想和法的思维来规制管理。正因为广播电视领域的特殊性和重要性，在一定意义上，一个国家广播电视领域法治建设水平也代表了这个国家法治建设的水平。必须清醒地看到，零散随意出台的广播电视部门法规、规范性文件和通知，在实际操作中往往是"头痛医头脚痛医脚"，一些规定没有及时做到"新法立、旧法废"。广播电视全媒体立法恰恰是减少行政干预，保护广播电视全媒体权益和打击清除破坏广播电视全媒体信息传播规制的结合，也是言论出版自由在行业法和行为法上的具体实现。目前，传媒立法的最新进展是《中华人民共和国电影产业促进法》（中华人民共和国主席令第五十四号）已由中华人民共和国第十二届全国人民代表大会常务委员会第二十四次会议于2016年11月7日通过，自2017年3月1日起施行。①但这更像是一部遏制电影产业下滑危险和趋势的救急法，而不是一部真正完整意义上的电影行业综合法，可毕竟这是一种开始和进步。

第三，精确法的内容。网络传播时代的到来使得广播电视管理格局发生了根本变化。与报纸、书刊、广播、电视这些传统媒体对应的封闭的"竖井式"纵向分业管理模式正在向开放、相融的"金字塔式"横向分层

①电影产业促进法. 政策法规［EB/OL］.（2016-11-08）［2021-01-31］. 国家新闻出版广电总局官网.

管理模式转变。随着传媒市场焦点和关注热点的转换，各国也在加快传媒管理法律建设和调整的步伐。传统纸媒已经整体衰落，电子媒体日渐式微，而替代传统大众传媒位置的广播电视全媒体正在蓬勃发展。这是人类共同面对的新兴事物，对它的认识和使用还需要逐步探索，同时，这也将人类拉回到媒介管理赛场上的同一起跑线。能否抓住广播电视全媒体规制管理研究和机遇，将成为决定未来国家在信息传媒领域乃至整个互联网世界竞赛中成败的关键。我国有丰富的有自身特色的广播电视管理经验，但在广播电视法律建设的道路上却严重滞后。这种滞后一方面反映在自身纵向观念和研究的滞后；另一方面，反映在横向比较和沟通的滞后。我们的立法重物质，不重精神。信息与有体物是不同的。现行法上的物主要是有体物，如产品责任法的适用范围限于动产。因此，信息缺陷产生的损害，无法纳入产品责任法。而实际上由信息缺陷造成的损害，其严重性不亚于有体物造成的损害。"数字技术已经使得文字、音乐、照片、影视片都可以数字符号作为信息保存。数据库产品应具有真实性、准确性、完整性、可行性和合法性。数据库制作者应负起瑕疵担保责任和产品责任"。[1]

在我国，关于信息网络传播权规定的最早表述见于《著作权法》第10条第1款第12项，信息网络传播权是著作权人享有的以有线或无线方式向公众提供作品，使公众可以在其个人选定的时间和地点获得作品的权利。其第58条授权国务院另行规定信息网络传播权的保护办法。单独立法"有助于激励更多的作品在网络上的传输；有助于培育和实现个人与社会文化双赢目标的努力；有助于实现公共产品外部性的内在化"。[2]但《著作权法》被批评为"代表了一个无力跟上先进信息技术发展步伐的领域"。[3]与网络私权密切相关的法律保护极度滞后，网络隐私权、网络欺诈、网络暴力问题猖獗泛滥，无所顾忌，这是一种制度选择性的滞后。"美国1995年颁布《个人隐私与国家信息基础结构》白皮书，明确将'告知和许可'界定为个人信息采集及使用的硬性准绳，要求数据采集者需要提前告知信息归属

---

①李杨. 数据库产品责任初探［J］. 电子知识产权，2004（1）：20—21.
②吴汉东. 信息技术革命与信息网络传播权立法［J］. 中国版权，2005（2）：17.
③吴汉东. 信息技术革命与信息网络传播权立法［J］. 中国版权，2005（2）：17.

人哪些信息将以何种方式被收集与利用，并且只有在信息归属者授权的条件下，才可以按既定的告知原则处置数据"。[①]

我国至今没有一部真正意义上的广播电视法律。改革开放以来拟议出台与广播电视密切相关的新闻法、广播电视法、电影法都半途而废或大打折扣。而日渐成熟的广播电视全媒体正在为广播电视立法、新闻立法和整个网络传播立法提供难得机遇。在广播电视全媒体整个立法内容考量上，应该一并考虑设立和完善广播电视全媒体核心法、依附法和相关法，从而，建立系统的广播电视全媒体法律体系。核心法就是设立专门的《广播电视全媒体法》，可以以现有的《广播电视管理条例》为基础，重点将线上广播电视全媒体传播内容纳入管理范围，严格按照遵循数字化、网络化、智能化技术规律，放眼保证国计民生、促进国际竞争和保护公共利益三大铁律的基础上，将条例升格为法律；依附法就是设立《新闻法》，修订《著作权法》《广告法》，以及补充和完善《网络安全法》《民法》《刑法》，彻底解决广播电视全媒体（包括整个网络信息传播）新闻传播权、著作权、版权、隐私权、广告经营权等权益的保护和网络暴力、网络暴恐、网络欺诈、网络侵权惩治规制模糊，没有专门的法律解释的问题；相关法就是继续丰富和完善《电影法》（2017年3月1日出台了《电影产业促进法》），完善《电子签名法》《全国人民代表大会常务委员会关于加强网络信息保护的决定》《全国人民代表大会常务委员会关于维护互联网安全的决定》等法律。

（二）广播电视全媒体领域的公正司法

规制的实质是以契约的形式对各个参与主体利益关系的协调，以强制性，甚至是国家暴力的手段来确立法律的权威，以此寻求公共利益与企业利益的平衡与持续发展。长期以来，我国广播电视规制管理主要依靠部门法规、规范性文件和临时性的专项整治通知的形式来运作和实施。广播电视违法案件完全依赖广播电视以外的法律，在审理各类各级涉及广播电视违法案件中，从立案、审理、合议、结案过程都没有兼顾广播电视媒体属性和自身规律，因此，从严格意义上的广播电视司法角度来说，过去还

---

①王毅军，高俊风. 网络舆情的二律背反解析［J］. 社会科学战线，2016（9）：274.

没有完全严格意义上的广播电视法律案件。因此，广播电视全媒体公正司法方面要做两件重要的事情：一是必须补好广播电视全媒体法律法规系统学习课程，做好司法人员相关法规业务学习和广播电视全媒体理论知识培训；二是要走在技术的前面，科学规划，不做技术的奴隶。

媒介融合和信息技术革命，使传统广播电视主导的电子传媒时代迅速"迭代"到广播电视全媒体主导的网络传媒时代。广播电视全媒体规制管理也从对线下传统广播电视媒体管理为主过渡到兼顾线上、线下广播电视全媒体管理，并最终完全过渡到以广播电视全媒体信息传播管理为主的新时代。因此，广播电视全媒体司法要注意将传统的线下广播电视传播与新兴线上广播电视传播统筹考虑，并做好将现实世界与网络世界连接起来的制度安排，体现传播媒介私权属性和与国际接轨的原则。

大数据和人工智能技术的快速发展，使更多的人类脑力劳动被机器所替代，从电报、电话接线员的消失，到无人驾驶飞机、无人驾驶汽车、自动分包机器人的出现，从富士康员工被机械手替代，到未来的汽修工、驾驶员、飞行员失业，技术和科技从解放人类简单的体力劳动到解放相对复杂的脑力劳动都只是时间问题。国内外一些机构预测，未来失业行业名单里多了记者、教师、律师三大高知行业。因为，机器人记者已经在突发新闻的第一时间写出新闻报道，VR技术和远程教育使孩子在家庭就可完成学校教育，大数据和人工智能分析给出的涉案处理意见可以超过90%律师给出的最优选择。人们不禁要思考"互联网是一场带动社会前进的随时处在人类控制能力之下的技术革命，还是增加了社会不确定性的文化革命？"英国组织理论学家库姆斯等人通过对组织理论的考察，分析了信息传播技术（ICT）的重要性，认为，"信息科技不单单是一种纯粹的科技进步，当中的信息处理与传播要素已经对现实世界的权力关系形成冲击，这些学者断定信息技术实质等于管理控制手段"。[①]认识媒介，理解信息技术，让信息媒介更好地造福人类，不做信息技术的奴隶。技术哲学要求司法人员有超前的前瞻思想培养和专业训练，以适应未来广播电视全媒体司法实践要求。

①白锐. 略论互联网与国家治理逻辑的再建构［J］. 社会科学战线，2016（9）：181.

（三）广播电视全媒体领域的严格执法

高效执法是整个广播电视全媒体法治建设中的重要一环。再好的法制设计和法律规定，最终都要靠一线执法来实现。特别是在我国《民法典》出台，立法工作取得阶段性成果时，执法工作的重要性更加突出。严格执法的关键是执法体制、机构和队伍建设水平以及由此展现出来的执行能力和水平。目前，我国广播电视全媒体严格执法工作要重点加强三个方面建设：

第一，整合机构。在广播电视全媒体执法体制建设方面，首先要完成"大部制"改革中的"多部合一""多规合一"的重要任务，2018—2019年3月底前，我国基本上完成了新一轮党委政府机构改革工作。在这次改革中，广播电视总局被保留下来，但与原广电部相比，其职能和管辖权限已大打折扣。广播电视总台划归中宣部直管，在级别配备上，与现广电总局相同。各地基本参照如此配备。在广播电视全媒体法治建设的管理机构搭建方面，现代网络技术和产业发展越来越要求整合原来多个政府部门职能，独立、统筹实施涉及网络新兴产业发展的规制管理需求，如通信、无线电管理、广播电视、科技等部门，以便更好地协调广播电视全媒体渠道建设、产业经营和内容生产等管理事务。在基层，就是要完成"同城一支队伍"改革工作任务。随着此次党委政府机构改革工作的完成，在各省会城市中，原隶属于文化广电新闻出版局的文化市场综合执法支队在业务指导上面临党委和政府双重管理的局面，随着新闻出版、版权、电影职能划转党委宣传部门，原来执行的文广新局委托执法的形式需要改变，因目前按职能分工，这三项职能已经不属于新成立的文广旅局，其无权委托执法，这需要在改革中尽快明晰，以利于一线执法的实施。

我国广播电视全媒体法治建设在管理机构改革方面已经做出重大调整。目前，中央和省级层面保留了单独的广播电视局机构设置，将文化与旅游合并，同时，将原来的新闻出版广电局中的新闻出版、版权、电影职能划转为党委宣传部门；市地州及县区没有保留单独的广播电视局，实行了文化、广电和旅游部门的整合。2011年和2014年国家网信办和中央网信办（中华人民共和国国家互联网信息办公室和中共中央网络安全和信息化领导小组办公室）成立，组建了对整个互联网进行规制管理的最高领导机构。2017年1月中办、国办联合印发《关于促进移动互联网健康有序发展的意见》第二十一条规定"完善管理体制。在中央网络安全和信息化领导小组统一领导下，中央网信办要进一步强化移动互联网管理的统筹协调、督促检查，建立健全联席会议、工作例会等制度，研究处理各地区各部门移动互联网发展管理重大事项和情况，督促指导各地区各部门有效落实领导小组决定事项、工作部署和有关要求；工业和信息化、公安、文化、新闻出版广电等有关部门和军队要根据职责切实负起责任，依法加强对移动互联网相关业务的监督管理，制定出台支持和促进移动互联网技术、产业发展的政策措施。明确地方网信部门承担互联网信息内容的监督管理执法职责，健全中央、省、市三级管理体系，加大人员、经费、技术等保障力度"。这在中央党委政府的层面，明确了网络传播管理的最高机构。参照于此，各地网信部门归属地方党委部门直接领导，同时，各级广播电视台、新闻出版、版权、电影也已归属相应的党委宣传部门直接指挥，加上2020年上半年，各地又逐渐明确地将政府序列的文化、广播电视和旅游部门划归相应的党委宣传部门直管，这就基本明确了与广播电视全媒体相关的各种管理职能都已统一划归党委宣传部门。这种设置宏观上有利于在党委集中统一领导下，整合各方职能，开展集中统一的广播电视全媒体执法指导监督工作。这是具有中国特色社会主义广播电视全媒体法治建设的机构建设路径。但在微观和日常行政执法实际运行上，并没有建立一个独立、集中统一的广播电视全媒体管理机构，如在党委宣传部门的统一领导下，有广播电视局、广播电视台、报社、网信办等多个同级下属单位，这些单位之间又存在管理和被管理的关系，急需抓紧在内部明确和消化。因此，目前比较紧要的是继续推进机构改革工作，尽快解决广播电视全媒体机构改革不到位、不彻底和运行不畅通的症结。

第二，严肃纪律。在执法队伍和管理机制建设方面，要重点完成"执法主体资格管理""双随机、一公开"和"行政执法协调机制"建设。目前，各地广播电视执法人员都在地方政府法制部门（原法制办，现划归司法局）进行登记，并需要在执法资格考试合格后，由省级法制部门备案核发执法证件。确保持证上岗，避免出现所谓"临时工"执法的尴尬局面。

同时，要求具体的执法必须保证两人以上，并出示证件。各地还根据国家有关规定，对"个人1000元以上，法人5000元以上行政处罚"及"行政强制"等大案要案实施专门管理，要求其根据条件，成立"大案委员会"，实行集中审理和报备。为了确保执法公平，国家还推行了行政许可和行政执法"双随机、一公开"的执法监督改革工作。即所有部门执法人员都需要在政府统一网站登记注册，采取随机抽样的办法开展执法督查检查，这对于统一管理和联合执法有积极作用。《关于促进移动互联网健康有序发展的意见》对广播电视全媒体法治建设管理提出了具体方向目标，第二十四条规定"强化法治保障。加快网络立法进程，完善依法监管措施，化解网络风险。完善司法解释和政策解读，推动现有法律法规延伸适用于移动互联网管理。完善移动互联网管理多部门执法协调机制，加快执法信息技术系统建设，提高对网络违法犯罪识别、取证、联动查处打击等能力。加强网络普法，强化网民法治观念，提升全民网络素养"。这在高位统筹和顶层设计方面，为解决当前广播电视全媒体"多头管理、重复管理"存在的弊端做好了组织和机制上的准备。

第三，全民监督。对广播电视全媒体执法监督除了在做好法律监督、组织监督、内部监督外，还要重点做好社会监督和全民监督。广播电视全媒体执法是对公共利益的维护，涉及每一个公民和每一个企业法人的切身利益。随着大数据、互联网和社交媒体的发展，社会监督和全民监督的途径和技术手段要多于以往。当前，全民监督的进展取决于政府自身的决心和意愿。只要真正严格做到权力清单、责任清单，"一门式、一张网"和"双随机、一公开"的真正公开透明，并加强社会监督和群众监督宣传，畅通社会监督和群众监督渠道，社会监督和全民监督的效果将日益显现。但需要说明的是，行政执法应该越来越让位给真正的法律监管和社会自治。"必须摆正行政管理机关的位置。但各种条例不是行政管理法规，应体现更多的授权性私法规则，更多地相信市场主体自治的能力，从而把关注的目光投放到对市场竞争秩序维护、民事主体权力保护和社会公众利益的考量等方面"。①

（四）广播电视全媒体领域的全民守法

"网络荒原"给人们带来极大的自由，但个人在特定空间里的无限自由就意味着其他人在同一空间里的绝对不自由，要让全民自觉遵守广播电视全媒体法律，有赖于国民整体素质的提高，更加要依靠科学的规制管理。所以，"网络荒原"更加需要超越现实世界的规制。

网络世界已然出现，广播电视全媒体也正在全力进军这块主阵地，新事物、新环境、新生态需要新人类来参与和抒写，进入网络，请出示网民证！

---

①吴汉东. 信息技术革命与信息网络传播权立法［J］. 中国版权，2005（2）：18.

参考文献

［1］郎劲松. 中国新闻政策体系研究［M］. 北京：新闻出版社，2003.

［2］陈建云. 中国当代新闻传播法制史论［M］. 济南：山东人民出版社，2005.

［3］李龙. 良法论［M］. 武汉：武汉大学出版社，2005.

［4］朱广磊. 现代政府理论［M］. 北京：高等教育出版社，2006.

［5］王林生，张汉林. 发达国家规制改革与绩效［M］. 上海：上海财经大学出版社，2006.

［6］王乐夫. 中国公共管理理论前沿［M］. 北京：中国社会科学出版社，2006.

［7］王天定，王俊杰，卢焱. 广播电视法规与职业道德［M］. 北京：中国广播电视出版社，2005.

［8］谭玲. 市场监管法律问题研究［M］. 广州：中山大学出版社，2006.

［9］林爱珺. 舆论监督与法律保障［M］. 广州：暨南大学出版社，2008.

［10］陈新汉. 社会主义核心价值体系价值论研究［M］. 上海：上海人民出版社，2008.

［11］董天策. 问题与学理新闻传播论稿［M］. 北京：中国传媒大学出版社，2012.

［12］黄河. 新媒体发展与社会管理［M］. 北京：中国传媒大学出版社，2013.

［13］周艳. 新媒体理论与实务［M］. 北京：中国传媒大学出版社，2014.

［14］朱剑飞. 当代传媒管理研究［M］. 北京：中国社会科学出版

社，2013.

［15］谢耘耕. 新媒体与社会［M］. 上海：上海交通大学出版社，2011.

［16］文春英，顾远萍. 当代中国大众传媒研究［M］. 北京：中国传媒大学出版社，2013.

［17］黄瑚. 新闻传播法规与职业道德教程［M］. 上海：复旦大学出版社，2014.

［18］林刚. 新媒体概论［M］. 北京：中国传媒大学出版社，2014.

［19］孙正聿. 哲学：思想的前提批判［M］. 北京：中国社会科学出版社，2016.

［20］刘银良. 信息网络传播权问题研究［M］. 北京：北京大学出版社，2018.

［21］卡斯特. 网络社会崛起［M］. 夏铸九，译. 北京：社会科学文献出版社，2006.

［22］史蒂芬·布雷耶. 规制及其改革［M］. 李洪雷，等，译. 北京：北京大学出版社，2008.

［23］丹尼尔·F.史普博. 管制与市场［M］. 余晖，等，译. 上海：上海三联书店，1999.

［24］约·范·塔瑟尔，丽莎·波·赫菲尔德. 电子媒体管理［M］. 高福安，徐建华，编译. 北京：中国广播电视出版社，2014.

［25］罗伯特·赫利尔德. 电视广播和新媒体写作［M］. 谢静，等，译. 北京：华夏出版社，2002.

［26］吉利恩·多伊尔. 传媒所有权［M］. 北京：中国传媒大学出版社，2005.

［27］露西·昆. 媒体战略管理从理论到实践［M］. 高福安，王文渊，译. 北京：中国广播电视出版社. 2013.

［28］吉莉安·道尔（Gillan Doyle）. 理解传媒经济学［M］. 李颖，译. 北京：清华大学出版社，2004.

［29］简·莱恩. 新公共管理［M］. 赵成根，等，译. 北京：中国青

年出版社，2004.

［30］鲍曼. 流动的生活［M］. 徐朝友，译. 南京：江苏人民出版社，2012.

［31］卢梭. 社会契约论［M］. 何兆武，译. 北京：商务印书馆，1982.

［32］卢卡奇. 历史与阶级意识［M］. 杜章智，等，译. 北京：商务印书馆，1996.

［33］阿来. 关于桑德尔论共和主义德行的思考——对《民主的不满》的评论［J］. 华东师范大学学报（哲学社会科学版），2016（3）.

［34］沈逸. 全球化时代的网络安全困境［J］. 社会观察，2013（3）.

［35］陈力丹，熊壮. 2014年中国新闻传播学研究的十个新鲜话题［J］. 新华文摘，2015（5）.

［36］王侠. 牛津路透社2015数字新闻报告：电视仍是最主要新闻来源［J］. 新闻记者，2015（9）.

［37］陈新汉. 意识形态概念的演化与马克思意识形态思想的当代诠释［J］. 思想理论研究，2016（1）.

［38］陈新汉. 哲学视阈中的文化、文化功能及文化自觉［J］. 哲学动态，2012（8）.

［39］刘波亚，陈新汉. 公共决策视域下的网络民意表达［J］. 贵州社会科学，2015（9）.

［40］罗艳华. 强化互联网信息安全维护国家主权和基本人权——"棱镜门"事件的警示［J］. 人权，2013（4）.

［41］李启玮. 香港纸媒的几种死法［J］. 界面，2015（7）.

［42］胡正荣，李继东. 我国媒介规制变迁的制度困境及其意识形态根源［J］. 新闻大学，2005（3）.

［43］林勇毅，吴生华. 广播电视：应对全媒体发展与监管策略探析［J］. 视听纵横，2010（6）.

［44］石长顺，王琰. 广播电视媒体的政府规制与监管［J］. 中国广播电视学刊，2008（1）.

［45］董静，李本乾．欧美传媒产业规制及模式［J］．当代传播，2006（5）．

［46］喻国明，戴元初．如何评估媒体规制的构建效果［J］．新闻与写作，2008（11）．

［47］陈积银．欧盟公共广播电视（新媒体）的国家资助监管研究［J］．新闻大学，2013（2）．

［48］朱春阳．传媒产业规制：背景演变、国际经验与中国现实［J］．西南民族大学学报（人文社科版），2008（3）．

［49］肖叶飞．传媒产业融合与政府规制改革［J］．国际新闻界，2011（12）．

［50］喻国明．传媒规制的应然与实然：以美国1996电信法为标本的解读［J］．新闻与写作，2008（3）．

［51］李向阳．创新规制：发展广播电视先进文化的制度保障［J］．现代传播，2008（1）．

［52］刘素英．关于政府管制理论和实践的新思考［J］．理论与现代化，2010（4）．

［53］刘军茹．论我国媒介规制的现实困境及制度原因［J］．国际新闻界，2008（2）．

［54］李红祥．我国未来传媒规制政策的价值取向——媒介融合下美英传媒法制变革的启示［J］．新闻界，2010（1）．

［55］崔国平．西方传媒产业的政府规制及其对我国的启示［J］．西北农林科技大学学报（社会科学版），2009（9）．

［56］戴元初．中国传媒产业规制的解构与重构［J］．青年记者，2006（2）．

［57］尹明．中国传媒产业政府规制改革研究［J］．东北财经大学学报，2010（4）．

［58］刘建新，强月新．中国广播电视规制的历史检视及其改革路径［J］．湖北社会科学，2010（1）．

［59］喻国明，苏林森．中国媒介规制的发展、问题与未来方向［J］．山西大学学报（哲学社会科学版），2009（6）．

I